Fackelträger

Der rote Ballon

Die deutsche Sozialdemokratie in der Karikatur

Herausgegeben von Michael Klant

Fackel träger

Der Dank des Herausgebers gilt den folgenden Instituten für die Hilfsbereitschaft bei der Beschaffung der Bildvorlagen:
- Archiv des Fackelträger-Verlages Hannover
- Friedrich-Ebert-Stiftung Bonn
- Institut für Zeitungsforschung Dortmund
- Universitätsbibliothek TU Berlin
- Universitätsbibliothek Heidelberg
- Universitätsbibliothek Mannheim

Umschlagentwurf: Jeanette Nickoll
Typographie und Herstellung:
Barbara Frankhuizen
Satz: Fliegel GmbH, Hildesheim
Reproduktionen: Frenzel & Heinrichs, Hannover
Druck: braunschweig-druck, Braunschweig
Printed in Germany 1988
ISBN 3-7716-1486-4

CIP-Titelaufnahme der Deutschen Bibliothek

Der *rote Ballon:*
d. dt. Sozialdemokratie in d. Karikatur /
hrsg. u. kommentiert von Michael Klant. –
Hannover: Fackelträger-Verl., 1988
ISBN 3-7716-1486-4

NE: Klant, Michael [Hrsg.]

Inhalt

Der grimmige Geselle mit dem roten Ballon

Wer kennt ihn nicht, den Typus des Sozialdemokraten mit der Ballonmütze, wie er sich über viele Jahrzehnte hinweg in der Bildsprache der politischen Karikatur, vor allem der der konservativen satirischen Zeitschriften, behauptet hat?
Schon durch sein Äußeres wird er dem Leser als grimmiger Geselle erkenntlich, der Aufruhr und Umsturz im Schilde führt und so zur Gefahr für die hergebrachten politischen Verhältnisse wird.
Diese Karikatur geriet zum Zerrbild einer politischen Wirklichkeit, in der es um den Kampf für die politischen und sozialen Rechte der Arbeiter, für den Acht-Stunden-Tag, für die Abschaffung des Drei-Klassen-Wahlrechtes und die Frauenemanzipation ging. So brachte die Karikatur zwar nicht die Realität, um so mehr aber die Reaktion des Bürgertums, seine Ängste und Vorbehalte gegenüber der noch jungen Arbeiterbewegung treffend zum Ausdruck.
Diesem Bild, das die Karikatur zu vermitteln versuchte, entsprachen die Maßnahmen, mit denen die Reichsregierung unter Bismarck gegen die Sozialdemokratie vorging. Im Sozialistengesetz von 1878 war von der Abwehr der „gemeingefährlichen Bestrebungen der Sozialdemokratie" die Rede. Mit diesem Gesetz wurde die politische Auseinandersetzung im Deutschen Reich selbst zur Karikatur – die Absicht, den Kampf gegen die Arbeiterbewegung nicht mehr politisch, sondern durch gesetzliche Verbote und polizeiliche Verfolgung zu führen, war offenkundig geworden.
In vielen der Karikaturen des ausgehenden 19. Jahrhunderts spiegelt sich die Verbissenheit wider, mit der der politische Aufstieg der sozialdemokratischen Arbeiterbewegung bekämpft wurde.
Oftmals treten Ironie und Satire in den Hintergrund, Haß und Vernichtungswille kommen dagegen kaum verhüllt zum Ausdruck.
Auch nach dem Ersten Weltkrieg, als Sozialdemokraten in der Regierungsverantwortung standen, und vor allem, als es in den späteren Jahren der Weimarer Republik um deren Erhalt ging, wirkt diese Linie fort: War es 1878 der sozialdemokratische Drachen, den es durch das Sozialistengesetz auszumerzen galt, wurde daraus 1932 das Unkraut, das mit der Sense bekämpft wurde. Die Nationalsozialisten nahmen bereits vor ihrer Machtergreifung bildhaft die Verfolgung und Vernichtung ihrer politischen Gegner vorweg.
Heute, 125 Jahre nach Gründung des Allgemeinen Deutschen Arbeitervereins, ist die Ballonmütze zum alten Hut geworden – im Bild, das die Karikatur des Nachkriegsdeutschland von der Sozialdemokratischen Partei zeichnet, kommt sie nur noch selten vor. Mit dem Verlust an Schärfe und Unerbitterlichkeit der politischen Auseinandersetzung hat sich auch die Funktion der Karikatur gewandelt. Sie ist heute weniger politisches Kampfmittel als ein ironischer Spiegel, der den Handelnden auf der politischen Bühne vorgehalten wird.
Entsprechend wichtig sind die Köpfe der Politiker geworden – und ihr Profil. Viele prominente Sozialdemokraten haben den Karikaturisten dankbare Vorbilder geliefert: Erich Ollenhauer etwa, oder Herbert Wehner, Willy Brandt und Helmut Schmidt. Jeder von ihnen hat auf seine unverwechselbare Art das Profil und die Geschichte der SPD mitgeprägt – auch in der politischen Karikatur.

Johannes Rau

Das rothe Gespenst

Zur Entwicklung einer Bildsprache
von der Französischen Revolution
bis zur Gründung des ADAV
1789–1863

Das rothe Gespenst

„Ein Gespenst geht um in Europa – das Gespenst des Kommunismus", lautet der erste Satz im *Kommunistischen Manifest,* das Karl Marx im Februar 1848 in London herausgab. Schon vor diesem Zeitpunkt hatte sich der Begriff des Kommunismus im Bewußtsein der Öffentlichkeit weit genug festgesetzt, um auch in Karikaturen verarbeitet zu werden. So hatten die 1844 gegründeten *Fliegenden Blätter,* das erste deutsche periodisch erscheinende Karikaturorgan, bereits in ihrem ersten Jahrgang mehrere anonyme Holzstiche über die „Communisten" abgedruckt, die, wie der hier abgebildete mit dem Titel „Weltgeschichte" (Abb. 2), Merkmale aufweisen, die auch späteren Karikaturen von Sozialdemokraten eignen und sich teilweise bis in die Gegenwart hinein halten sollten (vgl. Abb. 10, 28, 67).

Dazu gehören die wilde Haartracht, die zerschlissene Kleidung und der „Knotenstock". Der letztere wies seinen Träger als wandernden (und nicht selten damit prügelnden) Handwerksgesellen aus, der nach ihm auch „Knote" genannt wurde. Die Karikatur ist vermutlich ein Kommentar zu den Geheimbünden der „wilden Gesellen", der Handwerksgesellen in den späten 1830er und frühen 1840er Jahren, den Vorläufern der Linksparteien, auch wenn diese, wie etwa der *Bund der Geächteten* oder der *Bund der Gerechten* (der spätere *Bund der Kommunisten*) eher unter den Handwerksgesellen im Ausland Anhänger fanden, weil unter den rigiden politischen Verhältnissen in deutschen Landen solche Verbindungen nicht erlaubt waren. Als wichtigster Topos kann die *phrygische Mütze* der Figur rechts gelten, denn sie gibt den deutlichsten Hinweis auf eine bestimmte politische Gesinnung. Diese – der Tracht der aus Phrygien stammenden antiken Amazonen nachgebildete – Zipfelmütze mit dem überhängenden, ausgestopften Beutel war auch die Kopfbedeckung der Jakobiner gewesen, jener radikalen Republikaner, die während der Französischen Revolution für die Schreckensherrschaft zwischen 1792 und 1793 verantwortlich waren.

Eine gut zwei Wochen nach der Guillotinierung Ludwig XVI. veröffentlichte kolorierte Radierung James Gillrays aus dem Jahre 1793 (Abb. 1), die bekannteste Jakobinerkarikatur überhaupt, gibt eine besonders drastische Vorstellung von den mit der phrygischen Mütze verbundenen Taten und Ideen. Sie taucht wiederholt als Bildmotiv auf: als ein Meer von roten Mützen um die Guillotine unten links, und in zweifacher, größerer Ausführung oben rechts. Die eine mit der Aufschrift LIBERTAS (lat. „Freiheit") ist einem Bischofsstab übergestülpt, um den Beginn einer neuen Religion anzukündigen. Die andere bedeckt den Kopf eines geigenden *Sansculotten* (franz. „Ohnehose", vgl. die Bildlegende), einer abgewandelten Allegorie des fiedelnden Todes, der in verschiedenen Variationen auch in der Karikatur der Sozialdemokratie vorkommen wird (vgl. Abb. 53, 90). An seiner Mütze sind der Titel des Revolutionsliedes *Ça ira* und die Kokarde sichtbar, deren drei Farben Rot, Weiß und Blau die dreifache Forderung nach Freiheit, Gleichheit und Brüderlichkeit symbolisieren. Diese Farben bilden noch heute die französische Nationalflagge, die „Trikolore", während die Jakobinermütze vor allem in der Karikatur eine weibliche Figur schmückt, die als Personifikation der Revolution, der Libertas, aber auch der französischen Nation, der „Marianne" gelten kann. Die sozialdemokratische Karikaturpresse wird sie ab den 1880er Jahren zur Selbstdarstellung benutzen (vgl. Abb. 82, 83, 140). In der sozialdemokratiefeindlichen Karikatur dagegen weisen die Jako-

binermütze und die Kokarde auf die Internationalität der Bewegung und geben dem Vorwurf der „Vaterlandslosigkeit" bildlichen Ausdruck (vgl. Abb. 19, 36).
In der während der Märzrevolution errungenen Nationalversammlung, die 1848/49 in der Frankfurter Paulskirche tagte, bildeten sich erstmals politische Fraktionen als Vorläufer von Parteien im modernen Sinne heraus. In den über 800 nachgewiesenen Einblattkarikaturen auf das Parlament wurden ihre Mitglieder anhand von Physiognomie, Mimik, Gestik, Kleidung und besonders der Kopfbedeckung unterschieden. So tauchten z. B. in Ritters kolorierter Lithographie „Der politische Struwwelpeter" (der als Motiv ebenfalls wieder aufgegriffen wird, vgl. Abb. 34) als Zeichen für die demokratische Linke erneut die phrygische Mütze und die Kokarde auf (Abb. 3). Der dreifarbige Kreis ziert jetzt allerdings auch den Zylinder des eher bürgerlichen „Wühlers" rechts. Offensichtlich werden auf diesem Wege ähnliche Inhalte mit unterschiedlichen Gruppierungen und deren Methoden in Verbindung gebracht. Das Problem des „richtigen Hutes", das sich hier ankündigt, wird bald zu einem der wichtigsten Mittel der Parteienkarikatur, insbesondere derjenigen der Sozialdemokratie (vgl. Abb. 169, 218).
Waren bis hier Einblattdrucke die wichtigsten Träger des politischen Spottes, so entstanden 1848 mit der Aufhebung der Pressezensur zahlreiche, vorwiegend liberal und republikanisch gesinnte Karikaturzeitschriften. Wie die politischen Fraktionen überlebten die meisten die kurz später einsetzende Restauration nicht. Ein „Kind der Revolution" jedoch, der *Kladderadatsch*, blieb dank seiner stets loyalen Haltung, die zu Zeiten in eine sprichwörtliche Bismarcktreue mündete, unbehelligt und konnte so für annähernd hundert Jahre zum wichtigsten Beobachter des politischen Geschehens und schärfsten satirischen Gegner der aufkommenden Sozialdemokratie werden.
Eine Zeichnung aus dem *Kladderadatsch* des Jahres 1851 ist es auch, in welcher die Symbolik der Jakobinermütze und das von Marx beschworene „Gespenst des Kommunismus" mit dem Begriff des Sozialismus (im Beitext) in Verbindung gebracht werden (Abb. 4). In dieser simplen Gleichsetzung manifestiert sich die begriffliche und theoretische Unschärfe, die die Diskussion in der breiten Öffentlichkeit kennzeichnete. Daneben deutet das Bild den zeitweisen Untergang der linken Bewegung an. Das preußische Vereinsgesetz von 1850 (und ab 1854 das des Deutschen Bundes) verbot die organisatorische Verbindung der politischen Vereine. Das „Gespenst" war nur noch eine Vogelscheuche – auch dies ein Topos, der mehrfach wieder aufleben wird (vgl. Abb. 33, 78, 89).
Das erst allmählich wieder erwachende politische Interesse drückte sich zunächst in einer Welle von Vereinsgründungen um 1860 aus, bei denen nicht immer politische Ziele im Vordergrund standen. Als „größte politische Bewegung" faßt eine ganzseitige Karikatur der liberalen *Frankfurter Latern* 1863 die „Vereinswut" der Zeit spöttisch zusammen (Abb. 5). Die genossenschaftliche Selbsthilfe des liberalen Hermann Schulze-Delitzsch, die für Organisationen der Sozialdemokratie nicht vorbildlos blieb, wird darin durch einen Bürger mit „altem Zopf", und die liberalen bis sozialistischen Arbeiterbildungsvereine, in denen auch der junge August Bebel engagiert war, durch einen Bärtigen mit vehementer Gestik repräsentiert.
Im selben Jahr, wenige Wochen vor der Gründung des *Allgemeinen Deutschen Arbeitervereins (ADAV)* am 23. Mai 1863 durch Ferdinand Lassalle, zeigte der *Münchner Punsch* zwei ganz ähnliche Gestalten (Abb. 6), die einander Prügel verabreichen und damit einen weiteren Allgemeinplatz künftiger Spottbilder vorstellen: den internen Streit (vgl. Abb. 39, 63, 118, 158, 164). Der Beitext deutet die Tendenz der Zeichnung an, indem er den Marxschen Begriff der „Entfremdung" ironisch zitiert. Für das sich nun schnell selbständig entwickelnde satirische Bild der Sozialdemokratie ist indessen die Kopfbedeckung der beiden Kontrahenten von weitreichenderer Bedeutung. Bei ihnen handelt es sich nämlich um die Mützen, die zunächst nur den einfachen Arbeiter oder Handwerker anzeigen, bald jedoch mit der Zugehörigkeit zur Sozialdemokratie gleichgesetzt werden und als „Ballonhut" zu unzähligen Karikaturen Anlaß geben.

1

James Gillray:
The Zenith of French Glory; –
The Pinnacle of Liberty

(Der Höhepunkt von Frankreichs Herrlichkeit; – Der Gipfel der Freiheit). Kolorierte Radierung vom 12. Februar 1793.

Vor dem Hintergrund einer brennenden Kirchenkuppel und der Guillotinierung Ludwig XVI. im Januar 1793 spielen sich an der Hauswand rechts entsetzliche Szenen ab. An Laternen hängen die Leichen von Mönchen, einem Richter und einem Bischof. Die INRI-Tafel eines Kruzifixes ist gegen das gotteslästerliche „Bon soir, Monsieur" ausgetauscht, einem Bischofsstab die Jakobinermütze mit der Aufschrift „LIBERTAS" übergestülpt worden. Auf einer der Laternen hockt mit nacktem Hintern der zerlumpt gekleidete, wie Gevatter Tod die Fiedel spielende, wörtlich genommene „Sansculotte" („Ohnehose"), einer jener kleinbürgerlichen Revolutionäre, die im Gegensatz zur Aristokratie keine Kniebund-, sondern lange Hosen trugen. Seiner phrygischen Mütze sind die Kokarde der Revolution und der Titel des Revolutionsliedes „Ça ira" angeheftet.

2

Anonym:
Weltgeschichte.

Fliegende Blätter,
1. Jahrgang 1844/45, S. 16.

Zwei „Communisten“ in einem Gespräch, in welchem die Ideen des Kommunismus ad absurdum geführt werden sollen. Aus der zerrissenen Kleidung der beiden lassen sich unterschiedliche Standpunkte ablesen: der Linke entspricht mit seinem zerbeulten Zylinder eher dem im „Vormärz“ revolutionierten liberalen Kleinbürger, während der Rechte mit der phrygischen (Jakobiner-)Mütze eher dem „wilden Gesellen“ aus einer der Geheimbünde der Handwerker ähnelt, etwa aus dem *Bund der Geächteten* oder dem *Bund der Gerechten*, dem späteren *Bund der Kommunisten*.

3

Henry Ritter:
Der politische Struwwelpeter.

Kolorierte Lithographie,
1848.

Auf einem stämmigen Körper, den verschiedene Wappenflicken als Zeichen der Zersplitterung Deutschlands in viele Kleinstaaten schmücken, befinden sich acht verschiedene Köpfe, die die Vielfalt der während der Märzrevolution aufgetretenen politischen Gruppierungen widerspiegeln. Fünf sind an den Kopfbedeckungen beschriftet: der *Luth*(eraner), *Terro*(rist), *Royalist*, *Kath*(olik) und *Wühl*(er); ganz oben ist der sogenannte „Heuler“ erkennbar, während rechts und links außen Bürgerliche mit Pfeife und Zipfelmütze sind. Die Kokarde der Französischen Revolution schmückt bezeichnenderweise zwei Mützen. Das „Problem des richtigen Hutes“ wird auch in der SPD-Karikatur wieder auftauchen (vgl. Abb. 169, 218).

Weltgeschichte.

Die Communisten.

„Ja, du redest immer von Gleichheit und Gütertheilen; allein ich setze den Fall, wir haben getheilt, und ich, ich spare meinen Theil, doch du verschwendest den Deinigen, was dann?“

„Ganz einfach! Dann theilen wir wieder!“

4

Anonym:
Das rothe Gespenst des Jahres 1852.

Kladderadatsch Nr. 25/1851 (22. Juni).

Das auf die erste Zeile im Kommunistischen Manifest zurückgehende „rothe Gespenst" mit Rute, Jakobinermütze und Kokarde wird von verängstigten Vertretern des feudalen Systems links als Abwehr gegen die Bürgerlichen rechts aufgestellt, erweist sich aber als Vogelscheuche, die nur Gelächter provoziert. Die Karikatur fällt in die Zeit der Verhaftungen von Mitgliedern des *Bundes der Kommunisten*.

Das rothe Gespenst des Jahres 1852.

Kennst du dies Bild? — Wenn du's nicht kennst,
Mit Schaudern dann erfahr' es:
Es ist le spectre rouge, das Gespenst,
Das rothe des nächsten Jahres.

Das rothe Gespenst vom nächsten Jahr,
Es wird mit blutigen Schrecken
Der feigen Schläfer sorglose Schaar
Aus ihren Träumen wecken.

Mit seinen Schrecken — der Republik,
Dem rothen Socialismus,
Dem tricoloren Bürgerkrieg
Und blassen Terrorismus.

Und Barricaden und Bürgerwehr,
Und Fahnen, blutroth von Farbe —
Und ein racheschnaubend Rebellenheer
Unter Held, Mazzini und Karbe.

Es fallen unter dem Schreckensjoch
Die Köpfe und die Course;
Und statt „Ju'n Morjen!" hört man nur noch
Den Gruß: „La vie ou la bourse!"

Auf jedem Markt steht über Nacht
Eine kleine Dampfguillotine;
Aus dem Staub erhebt sich in neuer Pracht,
Ein Phönix — die Zeltentribüne.

Und keine Zucht in Kirch' und Schul',
Pensionen und Gymnasien:
In jedem Thorweg ein Ludwig Buhl
Mit einigen Aspasien.

An jeder Eck' ein Tribunal
Zur Volksjustiz versammelt;
Und selten nur ein Laternenpfahl,
An dem nicht Einer bammelt.

So wird's geschehen im nächsten Jahr,
Viel toller als je es gewesen.
Herr Romieu sagt's, und dann ist's wahr,
Ich hab's gedruckt gelesen.

Sollt's aber vielleicht doch nicht geschehn,
Uns, lieber Leser, dann schilt nicht.
Denn unser Wahlspruch heißt: Jo nich sehn!
Und: Bange machen gilt nicht!

Kladderadatsch.

Verantwortlicher Redacteur: E. Dohm. — Verlag von A. Hofmann & Comp. in Berlin, Unterwasserstr. 1. — Druck von J. Draeger in Berlin, Adlerstr. 9.

5

**Ernst Schalck:
Die große politische
Bewegung in Deutschland.**

*Frankfurter Latern
Nr. 35 und 36/1863
(30. September).*

In sieben aufeinander nicht bezogenen Einzelzeichnungen werden auf einem Blatt die Vertreter verschiedener Vereine vorgestellt, die typische Neugründungen der Zeit der „Vereinswut" im 19. Jahrhundert sind. Darunter ist auch die vom Liberalen Hermann Schulze-Delitzsch gegründete *Genossenschaft der Handwerker*, deren Vertreter einen „alten Zopf" trägt. Unter ihm gestikuliert ein Bärtiger eines *Arbeiterbildungsvereins*, wie ihn auch August Bebel leitete.

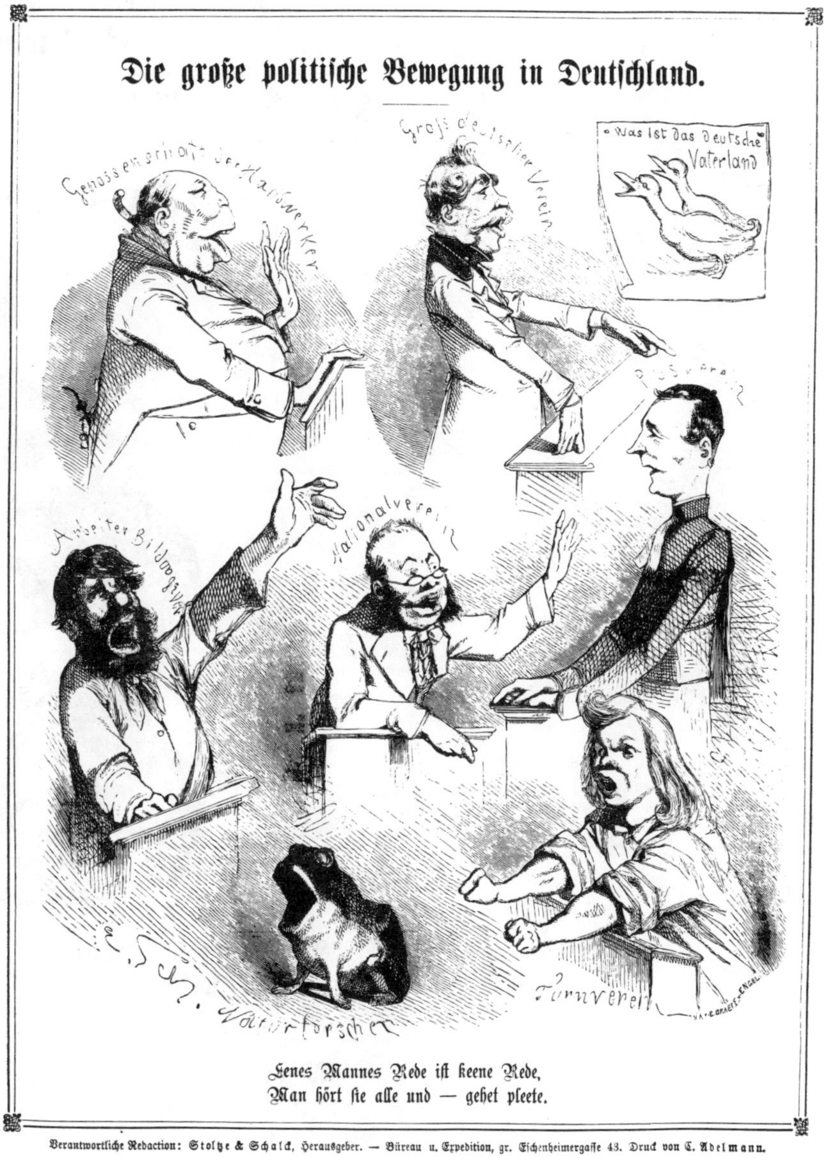

6

Martin E. Schleich: Das End' vom Lied, Zeitbild.

Münchner Punsch Nr. 5/1863.

Zwei Arbeiter prügeln einander im Streit um Marxsche Begriffe. Ihre für die Zeit typischen „Ballonmützen" werden für die Karikatur der Sozialdemokratie vorbildlich und bald zum Symbol der SPD.

Münchener

PUNSCH.

Ein humoristisches Originalblatt von M. E. Schleich.

Sechzehnter Band.

Nro. 5. Halbjähriger Abonnementspreis: in Bayern 1 fl. Im Ausland erfolgen die üblichen Postaufschläge. 1. Febr. 1863.

Das End' vom Lied,

Zeitbild.

Marx (den „Punsch" vorweisend). Sag' ein Mal, was thun die Zwei?

Sepperl. Na, die raufen halt.

Marx. Weit gefehlt! Diese Beiden suchen die Ursachen ihrer Entfremdung zu ermitteln und auf der Basis der vollsten Gleichberechtigung eine Verständigung herbeizuführen.

Der Bebel kommt!

Vom ADAV bis zum Sozialistengesetz

1863–1878

Der Bebel kommt!

Der Beginn der organisierten Sozialdemokratie fällt mit der Gründung des *Allgemeinen Deutschen Arbeitervereins (ADAV)* durch Ferdinand Lassalle am 23. Mai 1863 in Leipzig zusammen, der mit der Forderung nach allgemeinem, gleichem und direktem Wahlrecht antrat, um das die Arbeiterschaft knechtende „eherne Lohngesetz" zu durchbrechen. Der Verein hatte zu Lebzeiten Lassalles, der eineinhalb Jahre nach der Gründung an den Folgen eines Duells starb, nur einige tausend Mitglieder, die sich in Hamburg, Sachsen und dem Rheinland konzentrierten.

Er fiel deshalb anfangs für die Karikatur kaum ins Gewicht, zumal diese ihre Zentren in Berlin, Frankfurt und München hatte. Dort erschienen die Vormärz- und Märzzeitschriften, die *Fliegenden Blätter* (gegr. 1844), der *Münchener Punsch* (1847), die *Frankfurter Latern* (1847) und der *Kladderadatsch* (1848), zu denen sich 1868 die *Berliner Wespen* und 1872 der *Ulk* gesellten, beide als Beilagen von Zeitungen mit sehr hoher Auflage. So wurden die *Wespen* zusammen mit der *Tribüne* in einer Startauflage von 20000 Exemplaren ausgeliefert, und der *Ulk* mit dem freisinnigen *Berliner Tageblatt*, der damals weitverbreitetsten Zeitung überhaupt, in einer Höhe von 28000 Stück. Ausgerechnet ein Witzblatt übertraf jedoch zahlenmäßig alle anderen Periodika: der *Kladderadatsch,* dessen Auflage für 1872 mit 50000 angegeben wurde. Damit war ihm ein ungewöhnlich großer Einfluß auf die Bildung der öffentlichen Meinung gegeben.

Aus ähnlichen Gründen wie der ADAV fand auch die von August Bebel und Wilhelm Liebknecht im Jahre 1866 gegründete linksliberale *Sächsische Volkspartei* keinen Widerhall in der Satirepresse. Erst als die Mitgliederzahlen des (von Johann Baptist von Schweitzer weitergeführten) ADAV gegen Ende der 1860er Jahre auf die 20000 zusteuerten, reagierten die Zeichner auf die sozialdemokratische Bewegung. Der konservative *Münchener Punsch* brachte die Hände aus der Fahne Lassalles als Weihnachtsbescherung (Abb. 7) – ein wiederholt auftauchender Topos (vgl. Abb. 12, 170) – und zeigte, wie ein „Fortschrittler" durch einen „Socialist" in Bedrängnis geriet (Abb. 8).

Auch auf die 1869 in Eisenach als Konkurrenz zum ADAV gegründete *Sozialdemokratische Arbeiterpartei (SDAP)* und ihre etwa 10000 Mitglieder, die sogenannten „Eisenacher", die den „freien Volksstaat" und die „Abschaffung aller Klassenunterschiede" forderten, wurde man erst langsam aufmerksam. August Bebels Mandat im ersten Deutschen Reichstag von 1871 jedoch schreckte den bismarckfreundlichen *Kladderadatsch* so sehr, daß er ihn dem Publikum ebenfalls als Weihnachtsüberraschung präsentierte, und zwar als Schachtelmännchen mit Dolch und Petroleum, Zeichen für einen Mörder und Brandstifter (Abb. 9). Auch diese Bildelemente tauchen später in anderen Zusammenhängen wieder auf (vgl. Abb. 14, 19, 55, 89).

Es kann nicht überraschen, daß diese frühen Karikaturen noch keinen großen Wert auf physiognomische Genauigkeit legen. So zeigte die *Frankfurter Latern* von 1873 den in Wahrheit inhaftierten August Bebel als Schrecken des Reichstages in dem weiter oben beschriebenen, dreißig Jahre zuvor entstandenen Kommunistenklischee (Abb. 10). Bevor porträtähnliche Karikaturen einsetzten, machte der sogenannte „Kathedersozialismus" auf sich aufmerksam. Die von Vertretern des Manchester-Liberalismus abfällig so bezeichnete Richtung wurde besonders nach der Gründung des *Vereins für Socialpolitik* im Oktober 1872, zu dessen Mitgliedern u. a. Gustav Schmoller, Lujo Brentano und Adolph Wagner zählten, auch mittels Spottbild bekämpft (Abb. 12).

Die beiden Führer der Eisenacher, August Bebel und Wilhelm Liebknecht, waren 1872 wegen „Vorbereitung zum Hochverrat" zu jeweils zwei Jahren Festungshaft verurteilt worden. Sie kamen aus diesem Grund erstmals physiognomisch erkennbar und mit Sträflingskleidung versehen in die Karikatur (Abb. 11).

Als der Staatsanwalt Hermann Tessendorf seit Januar 1874 Eisenacher und Lassalleaner vor Gericht brachte und die berüchtigte „Ära Tessendorf" begann, gab dies willkommene Anlässe für die Zeichner. Wilhelm Scholz vom *Kladderadatsch* erfand z. B. für den ADAV die Metapher eines Krebsschadens, der von der Polizei ausgehöhlt wurde (Abb. 13).

Je mehr Eisenacher und Lassalleaner Reichstagsmandate errangen (1874 waren es bereits neun), desto feindlicher reagierten die Zeichner. Zu einer Zeit, in der es noch keine sozialdemokratische Satirepresse gab, wog dies besonders schwer. Die *Berliner Wespen* und ihr Zeichner G. Heil brachten in den 1870er Jahren die aggressivsten Bilder. So zeigten sie 1874 Lassalleaner und Eisenacher in Eintracht bei einer „Petroleumprobe" (Abb. 14) und nahmen damit ungewollt den tatsächlichen Zusammenschluß vorweg, der vom 22. bis 27. Mai 1875 in Gotha zur *Sozialistischen Arbeiterpartei Deutschlands* vollzogen wurde. Das Programm, eine Mischung der Lehren von Marx/Engels und Lassalle, bewirkte den großen Zuwachs auf 38000 Mitglieder im Jahre 1876. Die Karikaturisten konnten an der Sozialdemokratie nun nicht länger vorbeisehen. Vor allem das Wahlverhalten wurde beobachtet und dabei die Einigkeit der anderen Parteien beschworen (Abb. 15, 16).

Auch erste sozialdemokratische Karikaturen tauchten jetzt auf. Der 1876 gegründete *Nußknacker* beispielsweise, eine Beilage der *Chemnitzer Freie Presse*, bewarf in seiner Titelvignette den Klerus, das Bürgertum und das Militär mit Nußschalen, was jedoch vergleichsweise harmlos zu dem bitteren Spott der bürgerlichen Presse wirkte. Die große Zeit des *Wahren Jacob* und des *Süddeutschen Postillon* sollte erst später anbrechen (vgl. S. 97ff.).

Die Anfeindungen der meisten Zeichner entsprachen Reichskanzler Bismarcks Bestreben, die immer stärker werdende Partei zu zerbrechen. Ein erster Gesetzentwurf „zur Abwehr sozialdemokratischer Ausschreitungen", den er nach einem im Mai 1878 auf Kaiser Wilhelm I. verübten, den Sozialdemokraten unterstellten Attentat im Reichstag einbrachte, konnte mit den Stimmen der Nationalliberalen noch abgewendet werden. Nach einem zweiten Anschlag im Juni 1878 nutzte Bismarck den Stimmungsumschwung und löste den Reichstag auf. Bei den Neuwahlen verloren sowohl Nationalliberale als auch Sozialdemokraten Stimmen und Mandate; ein neuer Entwurf des Ausnahmegesetzes wurde am 9. September vorgelegt und nach langen Debatten am 19. Oktober angenommen.

Die ersten Spottbilder darauf hatten noch warnende Untertöne enthalten, Bismarcks Maßnahme könne die Liberalen und die Verfassung treffen (Abb. 17, 18). Mit dem Näherrücken der Entscheidung über das Gesetz indessen fanden die Zeichner zu immer drastischeren Mitteln. Im *Ulk* griff ein Anonymos am 17. Oktober, zwei Tage vor Annahme des Gesetzes, in die Debatte ein, indem er die alte Formel von der obszönen, mordlüsternen Libertas aufgriff und damit den Vorwurf des Attentats wiederholte (Abb. 19). Und noch einen Tag vor Inkrafttreten des Gesetzes ließ der drei Wochen zuvor gegründete Stuttgarter *Schalk* die „Germania", oft zitierte Allegorie des Deutschen Reiches und Gegenspielerin der sozialdemokratischen Libertas, dem „Drachen der Sozialdemokratie" den Todesstoß versetzen (Abb. 20).

7

Martin E. Schleich:
Ohne Titel.

Deckblatt des 22. Jahrganges des Münchener Punsch, 1869.

Ein Weihnachtsbaum mit der politischen „Bescherung" des Jahres. Unten links der Schriftzug „Lassalle", über dem sich zwei gefesselte Fäuste recken, ein Zitat der Hände in der Fahne des ADAV, die sich dort freundlich umfassen (vgl. Abb. 12, 170).

8

Martin E. Schleich:
Ohne Titel.

Münchener Punsch Nr. 50/1869.

Ein bürgerlich gekleideter Vertreter der 1863 auch in Bayern errichteten *Deutschen Fortschrittspartei* mit deren Presseorgan, der *Abendzeitung*, wird von einem heruntergekommenen, die Fäuste ballenden „Socialist" (Unterzeile) verfolgt, der das Blatt des süddeutschen ADAV, den *Proletarier*, in der Rocktasche trägt.

Münchener
PUNSCH,
humoristisches Originalblatt
von
M. E. Schleich.
Zweiundzwanzigster Band.

München, 1869.
Druck der Dr. Wild'schen Buchdruckerei (Gebr. Parcus).

Münchener
PUNSCH.
Ein humoristisches Wochenblatt von M. E. Schleich.
Zweiundzwanzigster Band.

Nro. 50. Halbjähriger Abonnementspreis: in Bayern 1 fl. Im Ausland erfolgen die üblichen Postaufschläge. 12. Dez. 1869.

Fortschrittler. Was folgen Sie mir überall auf der Ferse?

Socialist. Ist's Ihnen unangenehm? Das freut mich! Gehen Sie in's Actientheater? Geh' ich auch in's Actientheater!

9

Wilhelm Scholz (?):
Suum cuique.
(Jedem das Seine.)

Kladderadatsch Nr. 59/1871.

Der „Kladderadatsch“, Symbolfigur der gleichnamigen Zeitschrift, vor der Weihnachtsbescherung des Jahres 1871, unter deren Präsenten auch Arbeiterführer August Bebel als Schachtelmännchen mit Dolch und Petroleum, als Mörder und Brandstifter, auftaucht (vgl. Abb. 89).

Suum cuique.

Unsere Weihnachtsbescheerung.

10

G. Schmitt: Wenn es plötzlich im Reichstag hieße: „Der Bebel kommt!“

Frankfurter Latern Nr. 14/1873 (5. April).

Ein Schnitt durch das Reichstagsgebäude. In allen Räumen herrscht pure Aufregung, weil ein Prototyp des „wilden Gesellen“ den Sitzungssaal in der Mitte betritt. Er wird in der Unterzeile als Bebel ausgegeben, der jedoch in Wirklichkeit seit dem Frühjahr 1872 eine Festungsstrafe verbüßte und das Reichstagsmandat aberkannt bekommen hatte.

11

G. Heil:
Ohne Titel.

Berliner Wespen Nr. 12/1874.

Die Führer der „Eisenacher", August Bebel und Wilhelm Liebknecht, als Sträflinge in einem Gefängnisraum. Die beiden waren wegen Unterstützung der Pariser Kommune von 1871 verhaftet und unter dem Vorwurf der „Vorbereitung zum Hochverrat" zu jeweils zwei Jahren Festungshaft verurteilt worden.

12

Wilhelm Scholz:
Wie Schultze sich einen Katheder-Socialisten vorstellt.

Kladderadatsch Nr. 48/1872
(20. Oktober).

Bedeckt von einer Jakobinermütze mit Journalistenschirm und Ohrenklappen hält ein pfeiferauchender „Katheder-Socialist" einen ironischen Vortrag von einem Stehpult, auf dem sich Notizen und Kopfschmerztabletten befinden. Das Pult zieren die Hände der ADAV-Fahne. Der Kathedersozialismus, ein abfällig gemeinter, von Vertretern des Manchesterliberalismus geprägter Begriff, war im Oktober 1872 mit der Gründung des *Vereins für Socialpolitik* ins Gespräch gekommen. Er setzte sich für soziale Reformen ein und forderte das Eingreifen des Staates in Wirtschaft und Sozialleben.

Wie Schultze sich einen Katheder-Socialisten vorstellt.

. . . . . . sollte es doch, wie ich nicht hoffe, und was wir mit allen unseren Kräften zu verhindern suchen würden, zum Aeußersten kommen, so bleibt uns ja immer noch das Petroleum, wofür ich übrigens beiläufig das vom Grafen Platen beim Niederbrennen des Dresdener Hoftheaters mit so vielem Glück angewandte Benzin empfehlen möchte.

13

Wilhelm Scholz (?):
Wie die Polizei
den Krebsschaden besah.

Kladderadatsch Nr. 28/1874
(21. Juni).

Zwei Polizisten nehmen einem riesigen Krebs die (Mitglieder-)„Verzeichnisse“ aus. Das als *Allgemeiner Deutscher Arbeiterverein* (ADAV) bezeichnete Tier hat mehrere deutsche Städte und Länder befallen. Auf Geheiß des Staatsanwalts Hermann von Tessendorf waren im Juni 1874 in fast allen preußischen Städten Hausdurchsuchungen bei ADAV-Führern vorgenommen und Vereine aufgelöst worden.

Wie die Polizei den Krebsschaden besah.

Bei den socialdemokratischen Leitern des Allgemeinen Deutschen Arbeiter-Vereins wurden Haussuchungen gehalten, um zu erfahren, ob der Schade sich auf Berlin beschränkt, oder ob er auch die umliegenden Länder bereits in Mitleidenschaft gezogen hat.

14

G. Heil:
Die Petroleumprobe.

Berliner Wespen Nr. 9/1874.

In ironischer Zitierung eines bekannten Gemäldes der Düsseldorfer Malerschule, Johann Peter Hasenclevers „Weinprobe", versammeln sich acht Umstürzler zu einer „Petroleumprobe". Es handelt sich hauptsächlich um Lassalleaner und Eisenacher, die sich nach den Reichstagswahlen im Januar 1874 verbrüdert hatten und sich ein Jahr später auch organisatorisch zusammenschließen sollten. Hier „verführen" sie noch einen Liberalen und einen Zentrumsmann. Von links: Wilhelm Hasenclever vom ADAV (dessen Name vermutlich die Parodie anregte); der berühmte „Nestor der deutschen Demokratie", der 69jährige Johann Jacoby, der nach dem skandalösen Urteil gegen Bebel und Liebknecht den Eisenachern im April 1872 beigetreten war; Leopold Sonnemann, Führer der linksliberalen Deutschen Volkspartei und Herausgeber der *Frankfurter Zeitung;* ein Pfaffe für die Zentrumspartei; Wilhelm Hasselmann, anarchistisch veranlagtes ADAV-Mitglied und Herausgeber des *Neuen Socialdemokrat;* Karl Wilhelm Tölcke, ehemaliger Präsident des ADAV; Ferdinand Ewald und Wilhelm Liebknecht von den Eisenachern.

Die Petroleumprobe.
(Nach Hasenclever's „Weinprobe".)

15

G. Heil:
An der Urne der Pandora.

Berliner Wespen Nr. 3/1877 (19. Januar).

Ein Fortschrittler und ein Nationalliberaler, die Verlierer der Wahlen vom 10. Januar 1877, versuchen die mit „Reichstagswahlen“ beschriftete „Urne (eigentlich: Büchse) der Pandora“ mit dem Deckel der „Stichwahlen“ zu verschließen, da aus ihr wie im Mythos alles Übel dieser Welt, nämlich Sozialdemokraten wie Liebknecht, Hasenclever und Bebel kommen. Tatsächlich konnten die Mandate der Sozialdemokratie, deren Stimmen von etwa 350 000 auf fast eine halbe Million angewachsen waren, durch Bündnisse der bürgerlichen Parteien auf insgesamt 12 gedrückt werden.

Berliner Wespen

An der Urne der Pandora.

Ihr liberalen Parteien, seid einig! Zum Teufel die Uneinigkeit! Ihr seht, was dabei herauskommt!

Verlag von B. Brigl in Berlin, Krausenstraße 41. – Druck von R. Gensch in Berlin, Kommandantenstr. 7.

16

Wilhelm Scholz (?):
Schwarz-rote Enthüllung.

Kladderadatsch Nr. 7/1877.

Die Symbolfigur „Kladderadatsch" enthüllt, wie ein Sozialdemokrat und ein Zentrumsmann Wahlabsprachen für die Stichwahl zum Reichstag im Jahre 1877 treffen. Das ebenfalls von Bismarck verfolgte Zentrum sollte kurz später gegen das Sozialistengesetz stimmen.

17

G. Heil:
Moral eines alten Märchens.

Titel Berliner Wespen Nr. 26/1878
(28. Juni).

Der Bär Bismarck versucht mit dem Felsbrocken „Ausnahme Gesetz" die Wespe „Socialdemokratie" zu vernichten, die sich im Gesicht der schlafenden Prinzessin „Verfassung" niedergelassen hat, welche im Falle des Zuschlagens unweigerlich selbst Schaden nehmen muß.

Schwarz-rothe Enthüllung.

La belle alliance.
Aufgeführt in Dresden und anderen Orten.

Moral eines alten Märchens.

„Etwas muß geschehen! Aber wird der Nutzen so groß sein, wie der Schaden, den die rettende That anrichten kann?"

18

Wilhelm Scholz: Reichstagsauflösung.

Kladderadatsch Nr. 31/1878 (7. Juli).

Der an den drei Haaren erkennbare Reichskanzler Bismarck zielt mit Pfeil und Bogen auf eine Tafel, die einen SPD-Mann mit erhobenem Revolver zeigt. Im Juni war Kaiser Wilhelm I. von dem wirren Attentäter Karl Nobiling angeschossen worden, was der Sozialdemokratie zur Last gelegt wurde. Bismarck löste daraufhin den Reichstag auf, um nach Neuwahlen mehr Stimmen für Maßnahmen gegen die Sozialdemokratie zu bekommen. Da sich die Liberalen schon bei einem früheren Attentat gegen ein Ausnahmegesetz ausgesprochen hatten, laufen auch sie jetzt im Hintergrund Gefahr, getroffen zu werden.

Reichstagsauflösung.

Der Pfeil ist auf die Socialdemokraten gerichtet; wie aber, wenn er über das Ziel hinausfliegt?

19

Hermann Scherenberg (?): Hasselmann's Enthüllungen.

Ulk Nr. 42/1878 (17. Oktober).

Der schwerbewaffnete sozialdemokratische Abgeordnete Wilhelm Hasselmann öffnet den Vorhang der „Bruederlichkeit“ und enthüllt eine Revolutionsszene. Darin führt die Libertas mit der phrygischen Mütze eine Schar Arbeiter auf die Barrikaden und wird so zu einem dämonischen Weib mit irrem Blick, den Dolch in der rechten und die Fahne von „Neid“ und „Begehrlichkeit“ in der linken Hand. Die Zeichnung, die den Vorwurf des Attentats und Umsturzes wiederholt, erschien zwei Tage vor Annahme des Sozialistengesetzes im Reichstag.

20

G. v. Grimm: Germania's Strafgericht.

Schalk vom 20. Oktober 1878.

Eine mit lorbeerbekränzter Pickelhaube versehene, attraktive Germania, Allegorie des Deutschen Reiches und genaues Gegenteil der sozialdemokratischen Libertas, hat den Drachen „Socialdemokratie" unterworfen und versucht ihm nun mit einem Speer den Todesstoß zu versetzen.

Germania's Strafgericht.

Das Sozialistennährgesetz

Die Sozialdemokratie
unter dem Ausnahmegesetz
1878–1890

Das Sozialistennährgesetz

Das Sozialistengesetz, das alle Organisationen verbot, „welche durch sozialdemokratische, sozialistische oder kommunistische Bestrebungen den Umsturz der bestehenden Staats- und Gesellschaftsordnung bezwecken", wurde am 19. Oktober verabschiedet und trat zwei Tage später per Veröffentlichung in Kraft. Es galt zunächst für drei Jahre und wurde dreimal verlängert, bis es am 1. Oktober 1890 aufgehoben wurde. In den zwölf Jahren seines Bestehens entstanden unzählige Spottbilder auf die Sozialdemokratie, die zu einer der bevorzugtesten Zielscheiben wurde. Schon die Reichstagsdebatten vom 19. Oktober 1878 waren durch die gesamte Presse gegangen. Besonderes Aufsehen hatte Wilhelm Brackes Satz „Meine Herren, wir – pfeifen auf das Gesetz", gemacht, der auch prompt bildlich umgesetzt wurde und den Sozialdemokraten noch lange den Beinamen „Gesetzespfeifer" einbrachte (Abb. 21). Hunderte von Parteiangehörigen wurden in der Folgezeit inhaftiert oder, wie Wilhelm Liebknecht, ausgewiesen und von Ort zu Ort gehetzt. Der *Kladderadatsch* verabschiedete sie mit Spott (Abb. 22). Bis zum November 1878 waren bereits 175 Zeitungen und Zeitschriften verboten. So wurden neue Schriften vom Ausland her, vor allem aus der Schweiz, von der illegalen „roten Feldpost" Julius Mottelers in steigender Auflage in Umlauf gebracht und heizten – wie ein Zeichner deutlich macht – Bismarck und Zar Alexander II. gehörig ein (Abb. 23).

Der Reichskanzler gebrauchte nicht nur die Peitsche des Sozialistengesetzes, sondern bot auch seine Sozialpolitik als Zuckerbrot an. Als er seine Maßnahmen 1881 ankündigte, interpretierten die *Berliner Wespen* dieses als ein Puppentheaterspiel, bei welchem der Teufel Sozialdemokrat mit dem Beelzebub des Staatssozialismus ausgetrieben werden sollte (Abb. 24). Mit dieser ablehnenden Haltung erwies sich das Satireblatt der *Tribüne* als eindeutiger Verfechter des Manchestertums, das jeglichen staatlichen Eingriff ablehnte. Die Maßnahmen wurden im Laufe der 80er Jahre dennoch schrittweise verabschiedet: 1883 das Krankenversicherungsgesetz, 1884 die Unfallversicherung und 1889 das Invaliditäts- und Alterssicherungsgesetz. Die mit diesen „Almosen" unzufriedenen Sozialdemokraten wiederum wurden im *Kladderadatsch* verspottet, der sich im Gegensatz zu den *Wespen* hinter Bismarcks Politik stellte (Abb. 25).

Auch andere inhaltliche Forderungen wurden jetzt verbildlicht, so z. B. die nach Aufhebung der Kinderarbeit (Abb. 26). Das Gros der Zeichnungen beschäftigte sich jedoch mit den an den Wahlergebnissen ablesbaren Auswirkungen des Sozialistengesetzes und mit der Frage, wie lange es sich noch halten würde.

Es hatte die Sozialdemokraten zwar in die Illegalität gedrängt, ihnen aber nicht das Recht genommen, bei Wahlen zu kandidieren. Die Folge war ein stetiger Stimmenzuwachs bei den Reichstagswahlen: von 311 000 im Jahre 1881 auf 1 427 000 bis 1890. Sowohl die Karikaturisten der *Wespen* und des *Kladderadatsch* als auch die der 1888 gegründeten, zeitweilig als Beilage zum *Berliner Börsen-Courier* ausgelieferten *Lustigen Blätter* machten das Sozialistengesetz selbst für das Erstarken der Sozialdemokratie verantwortlich (Abb. 27, 28, 29).

Um auch mit dem Mittel der Bildsatire gegen das Ausnahmegesetz anzukämpfen, waren in der Zwischenzeit sozialdemokratische Karikaturzeitschriften gegründet worden. Die *Münchener La-*

terne (1885–1886) oder der ebenfalls in München erscheinende *Blitz* (1885–1888) blieben vergleichsweise unbedeutend. Auch der 1882 vom Berliner Sozialisten Louis Viereck mit der Parole „Klassenkampf" in München ins Leben gerufene *Süddeutsche Postillon* hatte 1887 nur 600 feste Abonnenten, war aber in Höhe von 2500 Stück noch verschiedenen sozialistischen Blättern beigelegt. Der 1879 in Hamburg gegründete, vom sozialdemokratischen Reichstagsabgeordneten Wilhelm Blos redigierte *Wahre Jacob* mußte 1881 sein Erscheinen einstellen. J. H. W. Dietz, wie Blos Reichstagsabgeordneter, ließ das Blatt 1884 in seinem Stuttgarter Verlag wieder aufleben und führte es noch vor Ende des Sozialistengesetzes zu der unglaublichen Auflage von 100 000 Exemplaren. Da jedoch vor 1890 offene Propaganda möglichst vermieden werden mußte, kam die große Zeit für die programmatischen Selbstdarstellungen und Gegenbilder des *Wahren Jacob* und des *Süddeutschen Postillon* erst zwischen 1890 und 1914. Den Selbstdarstellungen ist weiter unten ein eigener Abschnitt gewidmet (vgl. S. 97 ff.).

Die bürgerlichen Blätter machten sich mittlerweile über die Wirkungslosigkeit des Sozialistengesetzes lustig. Besonders der wegen seiner Spitzelstrategie unbeliebte, stets auf Verschärfungen hinarbeitende Innenminister von Puttkamer tauchte mehrfach in Karikaturen auf (Abb. 30, 32).

Die sozialdemokratischen Erfolge bei den Wahlen zum Reichstag im Februar 1890 ließen zwei Topoi der Karikatur um 1850 wiederauferstehen: das rote Gespenst (Abb. 33) und den Struwwelpeter (Abb. 34). Das Ende des Sozialistengesetzes war zu diesem Zeitpunkt schon beschlossene Sache, denn der Reichstag hatte seine Verlängerung am 25. Januar abgelehnt. Als es am 1. Oktober 1890 außer Kraft trat, zeigten die *Lustigen Blätter* auf einer weiteren Titelseite triumphierende Sozialdemokraten, die nun ihrerseits den bösen Engel des Sozialistengesetzes mit dem Flammenschwert des Ausweisungsparagraphen außer Landes jagten (Abb. 35).

21

**Wilhelm Scholz:
Spielzeug zu Weihnachten,
für socialdemokratische Kinder.**

*1. Beiblatt zum
Kladderadatsch Nr. 48/1878
(20. Oktober).*

Der sozialdemokratische Abgeordnete Wilhelm Bracke, auf einen Blasebalg montiert, mit dem man ihn als Pfeife benutzen kann. Bracke hatte am 19. Oktober im Reichstag zum „Gesetz gegen die gemeingefährlichen Bestrebungen der Sozialdemokratie" erklärt: „Meine Herren, wir – pfeifen auf das Gesetz".

22

**Wilhelm Scholz:
Nichts zu agitiren?**

*1. Beiblatt zum
Kladderadatsch Nr. 50/1878
(3. November).*

Wilhelm Liebknecht läuft, verfolgt von einem Polizisten, pfeifend durch eine Gasse – eine Anspielung auf Brackes Äußerung vor dem Reichstag. Der Sozialdemokrat wurde unter dem Sozialistengesetz von Ort zu Ort gehetzt.

Spielzeug zu Weihnachten, für socialdemokratische Kinder.

Der Gesetzpfeifer Bracke.

Nichts zu agitiren?

Ist es nicht grausam, daß bei den schlechten Zeiten die Polizei denjenigen Mitgliedern des werkthätigen Volkes, die noch Arbeit hatten, das Brot nimmt?

Die vereinigten Gesetzpfeifer.

23

Wilhelm Scholz (?):
Wink mit dem Zaunpfahl.

Kladderadatsch Nr. 31/1889.

Reichskanzler Bismarck und Zar Alexander II. von Rußland schauen von rechts in einen Heizraum in der „Schweiz“ (Bildtext), in welchem vier Sozialdemokraten Zeitungen in einen Kessel stopfen, dessen Rohre nach „Deutschland“ und „Rußland“ führen. Die Zeitungen *Der Socialist* und *Der Socialdemokrat* wurden als Propagandamaterial aus der Schweiz von Julius Mottelers „roter Feldpost“ in Umlauf gesetzt.

Wink mit dem Zaunpfahl.

Ihr da unten, laßt doch das Einheizen, es ist ja hier oben ohnedies schon heiß genug!

24

G. Heil (?):
Tragikomödie.

Berliner Wespen Nr. 22/1881.

Im „Puppentheater für den kleinen Mann“ treibt vor einer aufgebrachten Menge der Kaspar Bismarck den Teufel „Socialdemokrat“ mit dem Beelzebub „Staats-Socialismus“ und dessen Knüppel „Unfallversicherungsgesetz“ aus. Bismarck versuchte mit seiner Sozialgesetzgebung der Sozialdemokratie Stimmen zu nehmen. Die *Berliner Wespen* erweisen sich mit dieser Zeichnung als Vertreter des Manchestertums.

25

Franz Jüttner: Altersversorgung.

Kladderadatsch Nr. 57/1888.

Wilhelm Liebknecht hindert einen Lakaien daran, der hungernden Familie im Hintergrund eine Suppe zu bringen. Damit wird die ablehnende Haltung der Sozialdemokratie gegenüber Bismarcks Sozialgesetzgebung verbildlicht, die als Almosen empfunden wurde.

26

G. Heil (?): Zur sozialen Frage.

Berliner Wespen Nr. 50/1885.

Wilhelm Liebknecht bekommt wegen seiner Forderung nach Aufhebung der Kinderarbeit von zwei arbeitsscheuen Gymnasiasten Schulbücher angeboten. Die Zeichnung ist insofern absurd, als zu dieser Zeit unter zwei Prozent der Schuljugend Abitur machten und die tatsächlich Betroffenen gar nicht ins Bild kommen.

Altersversorgung.

Die Regierung will die Arbeiter zufriedenstellen.
Führer der Socialdemokraten:
„Zurück! Wo bleiben wir denn? Uns wählen nur Unzufriedene!

Zur sozialen Frage.

Die erwachsensten Sozialdemokraten vereinigen sich mit den jüngsten Vorschülern zu dem Mahnruf: „Aufhebung der Kinderarbeit!"

27

G. Heil (?):
Das Wunderkind.

Berliner Wespen Nr. 45/1884 (7. November).

Der Sozialdemokrat wächst schrittweise mit den Zahlen an der riesigen Milchflasche der Reichstagswahljahre. Das Sozialistengesetz wird damit in seiner ungewollt entgegengesetzten Wirkung gezeigt. Die Mandate der Sozialdemokratie: 1871: 2 / 1874: 10 / 1877: 13 / 1878: 9 / 1881: 13 / 1884: 24.

Die Wirkung des Sozialistennährgesetzes.

Verlag von Wilhelm Friedrich in Berlin und Leipzig. — Druck von R. Gensch in Berlin, Kommandantenstraße 7.

28

Anonym:
Woher es kommt.

Kladderadatsch Nr. 43/1888.

Ein klassischer Vertreter des „wilden Gesellen“ kann ungestraft einherlaufen, weil ihn das „Socialistengesetz“ in Form von Filzschuhen nicht hindert, sondern seine Schritte im Gegenteil noch verbergen hilft.

29

Wilhelm Scholz:
Aus Berlin.

Kladderadatsch Nr. 7 und 8/1884.

Ein Bürger mit Zylinder fragt die an der „Propaganda“ strickende Sozialdemokratie nach der Last in der Kiepe mit der Aufschrift „Sozialistengesetz“, die aus „Ausweisung“ und „Auflösung“ besteht, ihre Trägerin aber nur stärker gemacht hat.

Woher es kommt.

Die Socialdemokraten erklären jedem, der es wissen will, daß sie fest und sicher auf ihr Ziel losmarschiren — — — man hört nur der Filzschuhe wegen nichts davon.

Aus Berlin.

„Nun mein Kind, drückt Dich denn Dein Korb nicht sehr?

Socialdemokratie: „O nein — wie Sie sehen, bin ich groß und stark dabei geworden.“

30

Hermann Scherenberg: Die Verschärfung des Sozialistengesetzes.

Titel Ulk Nr. 4/1888.

Bismarcks Innenminister Robert von Puttkamer läßt einen Sozialdemokraten auf der Klinge seines Säbels balancieren, der die Aufschrift „Socialisten-Gesetz" trägt. Ein Drehen der Klinge würde eine „Verschärfung" bedeuten, die Puttkamer immer wieder forderte.

ULK

Illustrirtes Wochenblatt für Humor und Satire

Wieso und wann das Blatt erscheint.
Täglich wird viel Ulk gemacht,
Donnerstag wird er gebracht.

Familienverhältnisse des Ulk.
Scherenberg der illustrirt,
Siegmund Haber redigirt.

Entre nous.
Abonnent vom Tageblatt
Kriegt ihn gratis, als Rabatt.

Einzelverkauf.
Für fünfundzwanzig Pfennig eine Nummer,
Ob's nicht zu billig, das ist unser Kummer.

Nummer 4 — Berlin, 26. Januar 1888 — 17. Jahrgang.

Zur Verschärfung des Sozialistengesetzes.

Schutzmann: „Nu aber recht ruhig!"

31

Anonym:
In der Reichstags-Apotheke.

Kladderadatsch Nr. 46/1889.

Reichskanzler Bismarck als Apotheker betrachtet skeptisch die Medizin „Ausnahmezustand", um zu prüfen, ob er dem im Hintergrund wartenden Sozialdemokraten nicht ein neues Mittel verschreiben muß.

In der Reichstags-Apotheke.

Diese Medicin ist also wirkungslos geblieben? Na, da werden wir wohl nächstens für das Etikett ein anderes nehmen müssen!

32

Anonym:
Das Socialistengesetz.

Kladderadatsch Nr. 10/1888.

Innenminister Robert von Puttkamer bemalt einen gefesselten Sozialdemokraten mit dem Schriftzug „2 Jahre". Am 18. Februar 1888 war das Gesetz mit 164 gegen 80 Stimmen zum letztenmal bis zum 30. September 1890 verlängert worden, da weite Teile des Parlaments mit Puttkamers Spitzelmethoden nicht einverstanden waren.

Das Socialistengesetz.

Puttkamer: Der Reichstag bewilligt leider nur diese kurze Verlängerung.

Socialdemokrat. Bei einigem guten Willen aber immerhin lang genug, um meine gänzliche Befreiung vorzubereiten.

33

F. Graetz:
Das rothe Gespenst.

Titel Lustige Blätter Nr. 7/1890 (13. Februar).

„Das rothe Gespenst" reitet das Gespann des „Karne-Wahl"-Prinzen und nimmt so eine Woche vor den Reichstagswahlen jede Freude am Faschingfeiern.

V. Jahrgang. No. 7. Berlin, den 13. Februar 1890.

LUSTIGE BLÄTTER

Verlag: Dr. Otto Eysler. Redaction: Alexander Moszkowski.

Erscheinen jeden Donnerstag.

Abonnements werden zu 1,50 Mk. pro Quartal bei allen Buchhandlungen und Postanstalten (Ztg.-Nr. 3633) angenommen, sowie direct bei der Expedition der „Lustigen Blätter", Berlin SW., Charlottenstraße 11. — Insertionspreis 75 Pf. pr. Nonpareille-Zeile.

Vertreter für den Buchhandel Süddeutschlands: E. Leupoldt, Stuttgart.

Alleinige Inseraten-Annahme durch Heinr. Eisler, Berlin W., Markgrafenstr. 62.

Das rothe Gespenst.

(Die Narre-Wahl-Parole.)

Die Furcht vor der Socialdemokratie beherrscht als Wahlparole — wie die Kriegsfurcht vor drei Jahren — die Karnevalszeit. Könnte der lustige Prinz nicht einmal in fröhlicherer Begleitung einziehen?

34

Gustav Brandt:
Ohne Titel.

Kladderadatsch Nr. 9 und 10/1890 (2. März).

In Anlehnung an die bekannte Kinderbuchfigur erscheint der Struwwelpeter mit Fingernägeln und Schlangenhaaren aus den Namen der Sozialdemokraten, die bei den Reichstagswahlen zwei Wochen vorher Mandate errungen haben.

35

F. Graetz:
Der letzte Ausgewiesene.

Titel Lustige Blätter Nr. 40/1890.

Ein berittener Polizist und eine triumphierende Schar Sozialdemokraten, darunter August Bebel, Paul Singer und Wilhelm Liebknecht, jagen vor der aufgehenden Sonne des „1. Oktober 1890", dem ersten Tag nach Aufhebung des Ausnahmezustandes, den bösen Engel des „Socialistengesetz" und sein Flammenschwert des „Ausweisungsparagraphen" außer Landes.

„Fort mußt Du, Deine Uhr ist abgelaufen!"

Hurrah dem Sieger!

Ereigniskarikaturen

1890–1914

Hurrah dem Sieger!

Mit dem Ende des Sozialistengesetzes im Oktober 1890 brach eine von Erfolgen geprägte Zeit für die SPD an, was sich am augenfälligsten im Anstieg der Stimmen auf 4250000 bei der Reichstagswahl von 1912 ausdrückte, bei der die sozialdemokratische Fraktion mit 110 von 397 Mandaten zur stärksten überhaupt wurde.

Gleichzeitig erlebte auch die Karikaturpresse eine bis dahin nicht gekannte Blüte. Zu den schon bestehenden, überregional vertriebenen *Fliegende Blätter, Kladderadatsch, Ulk, Lustige Blätter, Der Wahre Jacob* und *Süddeutscher Postillon* gesellten sich mit großem Erfolg zwei 1896 in München gegründete Zeitschriften, die geradezu stilbildend wirkten: der *Simplicissimus* und die *Jugend*, die der Kunst der Jahrhundertwende sogar den Namen gab. Trotz ästhetischer Übereinstimmungen hatten beide unterschiedliche politische Standorte. Die *Jugend* verfolgte sowohl die Zentrumspartei als auch die Sozialdemokratie und lieferte zum Teil deutschtümelndes Bildmaterial, während der linksliberale „*Simpl*“, wie er bald liebevoll genannt wurde, der SPD zwar kritisch, aber wohlwollend gegenüberstand und – vor allem in den Offizierskarikaturen – die Moral und die Ideologie des junkerlichen Obrigkeitsstaates auf das bissigste verspottete.

Dem Zusammentreffen dieser beiden Umstände: den Erfolgen der SPD und einer zweiten „Gründerzeit“ der Satirepresse ist eine Vielzahl von Karikaturen zu verdanken, die einerseits die Parteigeschichte reflektieren, andererseits aber auch das Bild der Partei in der Öffentlichkeit prägten. Denn die Fotografie als wichtigster Informationsträger unserer Tage war im Zeitungsdruck noch kaum vorhanden, weshalb die Karikaturzeitschriften sowohl um so stärker meinungsbildend wirken als auch erstaunlich hohe Auflagen erreichen konnten. Die des *Simplicissimus* kam um 1900 bis auf 85000, vom *Ulk* konnten vor 1914 sogar 228000 Exemplare verkauft werden, und der *Wahre Jacob* brachte es vor dem Krieg auf geradezu sagenhafte 380000.

Die in den genannten Zeitschriften erschienenen Zeichnungen zur Sozialdemokratie werden im folgenden der besseren Übersichtlichkeit halber in verschiedenen Abschnitten vorgestellt. So bilden die auf wichtige Ereignisse bezogenen Karikaturen eine Gruppe, ebenso die Zerrbilder der wichtigsten Persönlichkeiten, wie auch die eher inhaltliche Aspekte aufgreifenden Bilder. Als wichtigster Beitrag der parteieigenen oder -nahen Satirepresse sind auch die Selbstdarstellungen thematisch zusammengefaßt.

Was die in diesem Abschnitt in chronologischer Abfolge präsentierten Ereigniskarikaturen betrifft, so kann man grundsätzlich zwei sich regelmäßig wiederholende Themen konstatieren. Zum einen die Parteitage, die von der Öffentlichkeit im allgemeinen und von der Karikatur im besonderen stets aufmerksam beobachtet und kommentiert wurden, und zum anderen die Ergebnisse der Reichtagswahlen. In diesen Zeichnungen wird oft auch die Position der SPD zu den anderen Parteien bestimmt, vornehmlich zum Zentrum, das wie die SPD unter Bismarck verfolgt worden war, z. T. verwandte sozialpolitische Vorstellungen hatte und wegen seiner Orientierung nach Rom als ähnlich „vaterlandslos“ angefeindet wurde (Abb. 44).

Parteitage wurden oft als der Streit unter den Genossen hingestellt, der sich schon in der frühen Karikatur der Sozialdemokratie als Topos herausgebildet hatte (Abb. 36). Inhaltliche Aspekte gerieten weit weniger ins Bild als spektakuläre Ereignisse wie etwa der Ausschluß oppositioneller Kräfte (Abb. 38). Oft zeigen die Parteitagsbilder, darin der reinen Personenkarikatur verwandt, auch einen übermächtigen, tyrannischen Parteiführer August Bebel (Abb. 37).

An den viel einfallsreicheren satirischen Wahlkommentaren lassen sich die voneinander differierenden Einstellungen der einzelnen Blätter besonders gut ablesen. Eine der bildkräftigsten Illustrationen zur Wahl von 1903 ist die von Th. Th. Heine für den *Simplicissimus,* in der ein rotes Ungeheuer Kaiser Wilhelm II. ins Bein beißen will (Abb. 42). Als die stetige Erfolgskurve der Partei bei den Reichstagswahlen von 1907 zwar nicht in absoluten Stimmen, wegen des ungünstigen absoluten Mehrheitswahlrechts jedoch in der Anzahl der Mandate, die von 81 auf 43 fielen, einen empfindlichen Knick erfuhr, fertigten einige Zeichner auffallend gehässige und schadenfrohe Bilder (Abb. 43). Um so entsetzter fielen wiederum die Reaktionen auf das Ergebnis der preußischen Landtagswahl im Juni 1908 aus. Die SPD hatte sich bis dahin aus Protest gegen das nach dem Steueraufkommen gestaffelte Dreiklassenwahlrecht an den Wahlen in Preußen nicht beteiligt, erreichte nun aber auf Anhieb 23,8 % der Stimmen und konnte sieben Abgeordnete stellen, darunter Karl Liebknecht, auf den sich das satirische Interesse bald konzentrierte. Dem Erfolg in Preußen widmete der Münchner *Simplicissimus* eine Titelseite (Abb. 45), der Berliner *Ulk* ein ganzes Heft (Abb. 46).

Kein Ergebnis jedoch zeitigte mehr Karikaturen als der eingangs erwähnte spektakuläre Erfolg bei der Reichstagswahl von 1912 (Abb. 47, 48). Auch die damit verbundene Problematik einer gewandelten Einstellung zum wilhelminischen Staat wurde visualisiert, so z.B., als Philipp Scheidemann kurzzeitig Vizepräsident wurde und der Antrittsbesuch bei Wilhelm II. bevorstand, der dann doch nie Wirklichkeit wurde (Abb. 49). Hier deutet sich indessen bereits an, daß die Zeichner von dem einen, größeren, systemkonformen Teil der Partei zukünftig nicht mehr viel Stoff geliefert bekommen würden.

36

F. Graetz:
Miß Sozialdemokratie,
das gefesselte Medium
in seinen staunenerregenden
Produktionen.

Titel Lustige Blätter Nr. 44/1890.

Die unten rechts als Rückblick eingeblendete, gefesselte und polizeilich bewachte Allegorie der Sozialdemokratie mit der phrygischen Mütze vollführt in der Bildmitte auf einer mit „Radau-Halle a/S“ betitelten Bühne einen lärmenden artistischen Auftritt mit verschiedenen Musikinstrumenten. Der Parteitag in Halle im Oktober 1890, auf den sich das Wortspiel von der „Radau-Halle“ bezieht, erkannte u.a. Streiks und Boykotts als politische Waffen an und forderte den 1. Mai als Feiertag der Arbeiter.

Vor Kurzem war das Medium noch polizeilich gefesselt und jetzt vollführt es die lärmendsten Kunststücke!

37

Gustav Brandt:
Zum socialdemokratischen Parteitag in Erfurt.

Kladderadatsch Nr. 42/1891 (18. Oktober).

In Anlehnung an eine Szene aus J.W. v. Goethes „Faust II" ermutigt Mephistopheles „Kaiser" Bebel zum Eingreifen in die Kampfesszene zwischen den Genossen auf dem Erfurter Parteitag, der von Richtungskämpfen gekennzeichnet war, bevor man sich im sogenannten „Erfurter Programm" für den Marxismus als offizielle theoretische Grundlage entschied.

Zum socialdemokratischen Parteitag in Erfurt.

Mephistopheles (zum Kaiser Bebel):

Nur Muth! noch ist es nicht mißglückt.
Geduld und Pfiff zum letzten Knoten;
Gewöhnlich geht's am Ende scharf. Faust II.

38

Hermann Scherenberg: Vom Erfurter Parteitage.

Titel Ulk Nr. 44/1891.

Wilhelm Liebknecht, August Bebel und Paul Singer in bürgerlich-vornehmer Kleidung werfen mit choreographisch einstudierter Gebärde drei proletarisch gekleidete Genossen von der Treppe des Fraktionshauses in die Arme finsterer Gesellen mit der Fahne der „Anarchie". Die Karikatur kommentiert den Ausschluß der Berliner Gruppe der „Jungen", die mit außerparlamentarischen Parolen gegen die Parteiführung polemisiert hatten.

ULK

Illustrirtes Wochenblatt für Humor und Satire

Wieso und wann das Blatt erscheint.
Täglich wird viel Ulk gemacht,
Freitag's wird er Euch gebracht.

Familienverhältnisse des Ulk.
Scherenberg der illustrirt,
Siegmund Haber redigirt.

Entre nous.
Abonnent vom Tageblatt
Kriegt ihn gratis, als Rabatt.

Einzelverkauf.
Für fünfundzwanzig Pfennig eine Nummer,
Ob's nicht zu billig, das ist unser Kummer.

Nummer 44 | Berlin, 30. Oktober 1891 | 20. Jahrgang.

Vom Erfurter Parteitage.

Rausfliegen? Schön! aber wohin?

39

Bruno Paul:

Bebel in Dresden.

Titel Simplicissimus 8. Jg. Nr. 28 (20. September 1903).

Unter den Trümmern einer Einrichtung liegen Sozialdemokraten begraben. Obenauf, umgeben von einer Gewitterwolke, steht August Bebel mit einer Spitzhacke in der Hand und ermutigt die Genossen zu Einigkeit (Unterzeile). Die Karikatur spielt damit auf den Revisionismusstreit auf dem Parteitag in Dresden im September 1903 an, wo Bebel die offizielle Verurteilung aller revisionistischen Bestrebungen durchsetzte.

8. Jahrgang — Preis 20 Pfg. — Nummer 28

SIMPLICISSIMUS

Abonnement vierteljährlich 2 Mk. 25 Pfg.
Billige Ausgabe

Illustrierte Wochenschrift

Bayr. Post-Zeitungsliste: No. 797
Reichspost-Zeitungsliste: No. 7330

(Alle Rechte vorbehalten)

Bebel in Dresden

(Zeichnung von Bruno Paul)

„... Und nun, Genossen, laßt uns wieder einig marschieren gegen den gemeinsamen Feind!"

40

Anonym:
Hurrah, dem Sieger!

Titel Der Wahre Jacob Nr. 181/1893.

Eine junge Frau mit der Fahne „Sozialdemokratie“ stürmt hoch zu Roß den Vertretern der übrigen Parteien davon, die auf viel langsameren, z. T. komisch wirkenden Tieren ins Rennen gegangen sind. Das Titelblatt zählt zu den positiven Selbstdarstellungen der sozialdemokratischen Satireblätter (vgl. S. 97ff.) und kommentiert den Wahlerfolg bei der Reichstagswahl 1893, bei der die Stimmenanzahl von 1427000 auf 1786000 und die gewonnenen Sitze von 35 auf 44 stiegen.

Nr. 181. Preis pro Nummer 10 Pfennig. 1893.

Der wahre Jacob

Erscheint alle 14 Tage einmal.

Zu beziehen durch alle Buchhandlungen und Kolporteure, sowie durch die Post (eingetragen unter Nr. 6720), in Berlin auch durch jeden Zeitungsspediteur und Zeitungsverkäufer.

Blitzdraht-Meldungen.

Berlin. Nachdem die Stimmenzahl der Sozialdemokratie bekannt wurde, ist man in gewissen Kreisen aus den Wolken und zwar gerade auf den Kopf gefallen.

— Die Stichwahlen haben den Liberalen wieder die erwünschte Gelegenheit gegeben, ihr Prinzip im Stich zu lassen.

— Die „Goldene 110“ ist von den Antisemiten angekauft und Herr Ahlwardt zum Chef ernannt worden. Die Antisemiten sollen von nun ab mit Hosen versorgt werden, die einen goldenen Boden haben; den Innungsmeistern soll das vorläufig als Ersatz für den goldenen Boden des Handwerks dienen.

— Die Agrarier bereiten einen Antrag vor, wonach die Einführung von Rindvieh in das deutsche Reich verboten werden soll, da Deutschland stark genug damit gesegnet ist.

Friedrichsruhe. Bismarck ist zum ersten Male darüber vergnügt, daß er nicht mehr Reichskanzler ist.

Hurrah, dem Sieger!

41

Anonym:
Der 16. Juni 1898.

Der Wahre Jacob Nr. 310/1898.

Vier Jünglinge schütten als „apokalyptische Reiter" Stimmzettel auf die Vertreter der Reaktion, die in dieser „Sintfluth" ertrinken: links Wilhelm von Kardorff von der Deutschen Reichspartei und der Großindustrielle Karl Ferdinand von Stumm, vorn die Zentrumsmänner Peter Spahn und Ernst Lieber, unter einem Regenschirm der Vizepräsident der preußischen Regierung Johannes von Miquel, Innenminister Adolf Graf von Posadowsky-Wehner und Reichskanzler Fürst Chlodwig zu Hohenlohe, rechts die Liberalen Heinrich Rickert von der Freisinnigen Vereinigung und Eugen Richter von der Freisinnigen Volkspartei. Bei den Wahlen von 1898 kam die SPD auf 2 107 000 Stimmen und 56 Mandate, zwölf mehr als 1893.

Der 16. Juni 1898.

Die Sintfluth sozialdemokratischer Stimmzettel.

(Nach den „Apokalyptischen Reitern" von Cornelius.)

42

Thomas Theodor Heine: Wahlergebnis.

Simplicissimus 8. Jg.
Extra-Nummer: Reichstagswahl 1903.

Kaiser Wilhelm II. wird bei einem Spaziergang mit Familie im Garten seines Schlosses von einem roten Drachen angefallen, der aus einer Vase hervorkriecht. Von hinten eilen Wachen zu Hilfe. In der als Vase symbolisierten Wahlurne der Reichstagswahl vom Juni 1903 befanden sich 3 010 000 Stimmen für die SPD, deren Mandate zum Ärger Kaiser Wilhelms II. und anderer reaktionärer Kräfte von 56 auf 81 anstiegen.

Wahlergebnis 57

Da kriecht schon wieder das rote Ungeheuer aus der Wahlurne; das wird erst besser werden, wenn ich die Abgeordneten selbst ernenne.

43

Ludwig Stutz:
Bernhard der Drachentöter.

2. Beiblatt zum
Kladderadatsch Nr. 6/1907.

Reichskanzler Bernhard von Bülow steht mit dem Degen in der Hand neben dem soeben in drei Stücke geteilten „reichsfeindlichen Drachen" (Unterzeile). Vorn liegt ein verstümmelter Sozialdemokrat mit Ballonhut, abgetrennt von einem Zentrumsmann mit feistem Pfaffengesicht. Die Karikatur ist ein schadenfroher Kommentar zum Ergebnis der Reichstagswahl („Hottentottenwahl") vom Januar 1907, die von Bülows „Block" mit nationalistischen Parolen gegen die wie die „Hottentotten gegen unsere braven Soldaten paktierenden roten und schwarzen Reichsfeinde" geführt wurde. Während das Zentrum leicht dazugewann, aber dennoch in die Opposition mußte, verlor die SPD trotz absoluten Stimmenzuwachses fast die Hälfte der Mandate und konnte statt 81 nur noch 43 Abgeordnete stellen.

Nr. 6 Zweites Beiblatt **Beiblatt zum Kladderadatsch** Berlin, den 10. Februar 1907

Bernhard der Drachentöter.

Bülow hat eine derartige Virtuosität in der Bekämpfung des reichsfeindlichen Drachens bewiesen, daß trotz aller heftigen Degenstreiche die Absicht, das Mittelstück bei voller Gesundheit zu erhalten, durchaus gelang!

44

Olaf Gulbransson:
Vor und nach den Wahlen.

Titel Simplicissimus 11. Jg. Nr. 48 (25. Februar 1907).

Ein fetter Pfaffe, Sinnbild der Zentrumspartei, entfernt sich im bildlich genommenen, überdimensional aufgeblasenen sozialdemokratischen „Ballon“hut zu weit von seiner Kirche. Als der Ballon während der „Flaute“ nach den Reichstagswahlen von Januar 1907 (vgl. Abb. 43) zusammensackt, wünscht er sich wieder aus der Situation, die er während des Aufwindes ausgenutzt hat (zum Motiv des Ballons vgl. Abb. 164).

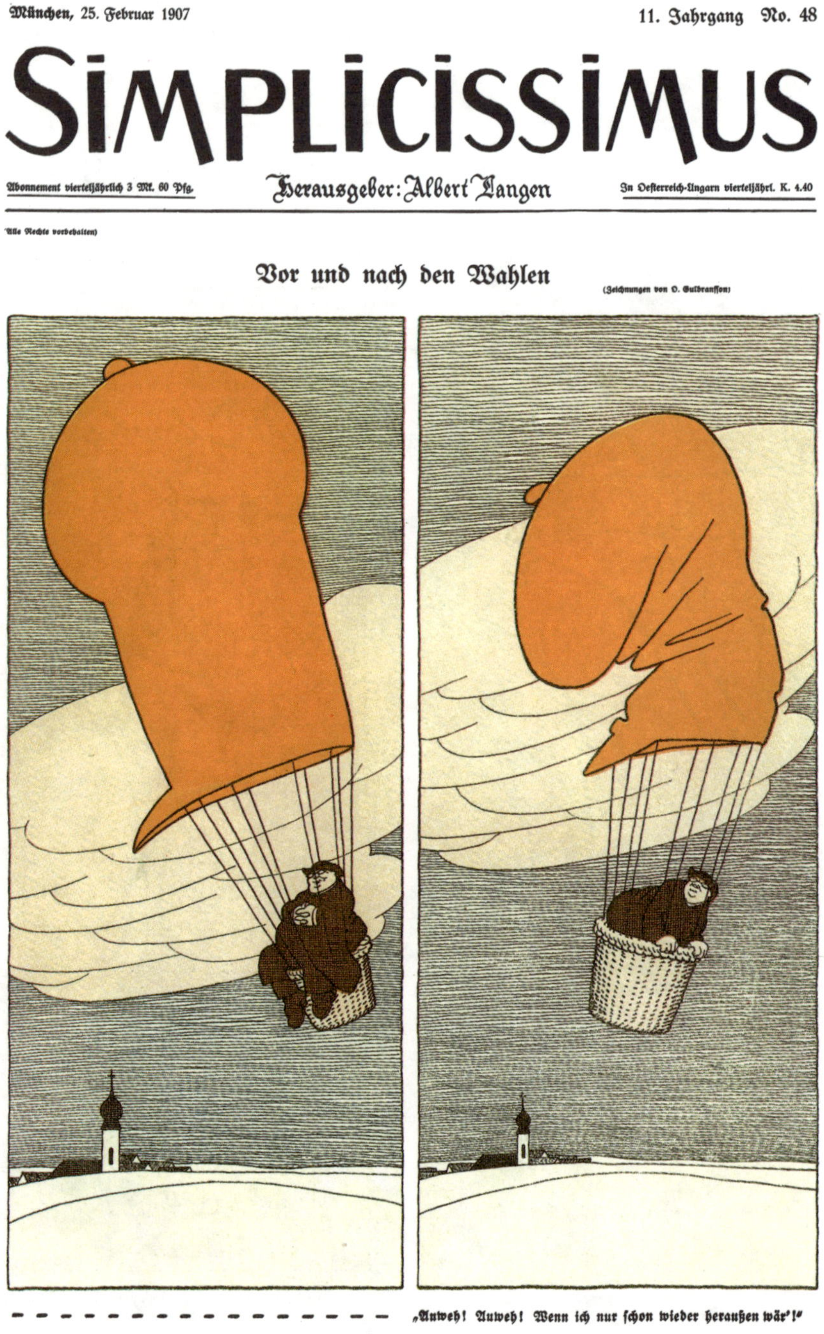

München, 25. Februar 1907 11. Jahrgang No. 48

SIMPLICISSIMUS

Abonnement vierteljährlich 3 Mk. 60 Pfg. Herausgeber: Albert Langen In Oesterreich-Ungarn vierteljährl. K. 4.40

(Alle Rechte vorbehalten)

Vor und nach den Wahlen

(Zeichnungen von O. Gulbransson)

– – – – – – – – – – – – – – – – – „Auweh! Auweh! Wenn ich nur schon wieder heraußen wär'!“

45

Wilhelm Schulz:
Der neue preußische Landtag.

Titel Simplicissimus 13. Jg. Nr. 12 (22. Juni 1908).

Eine groteske Tiertravestie, bei der die Parteien des preußischen Landtages als aufgeregte Affen, die SPD als kleines „rotes Gürteltier" (Unterzeile) dargestellt werden. Trotz des ungünstigen Dreiklassenwahlrechts hatte sich die SPD erstmals an den Landtagswahlen in Preußen beteiligt und fast ein Viertel aller Stimmen bekommen.

München, 22. Juni 1908 — 13. Jahrgang No. 12

SIMPLICISSIMUS

Abonnement vierteljährlich 3 Mk. 60 Pfg. — Herausgeber: Albert Langen — In Oesterreich-Ungarn vierteljährl. K 4.40

(Alle Rechte vorbehalten)

Der neue preußische Landtag

(Zeichnung von Wilhelm Schulz)

In das altehrwürdige Affenhaus ist zum allgemeinen Schrecken und Abscheu das rote Gürteltier eingedrungen.

46

E. Kuntze:
Der Dachstuhlbrand am Junkerparlament.

Titel Ulk Nr. 25/1908.

In den Flammen des preußischen Landtages erscheint gespenstisch der Kopf eines Bärtigen mit Ballonmütze, der die Vertreter der anderen Parteien erschreckt. Der Erfolg der SPD bei den Wahlen in Preußen wird so vom *Ulk* im Gegensatz zum *Simplicissimus* (vgl. Abb. 45) als echte Bedrohung hingestellt.

Der Dachstuhlbrand am Junkerparlament.

47

M. Vanselow:
Germaniens Lieblinge.

Der Wahre Jacob Nr. 667/1912.

Über einen Zentrumsmann, Junker in Ritterrüstung und Reichskanzler Theobald von Bethmann Hollweg springen lachende Sozialdemokraten in den Reichstag. Bei den Wahlen im Januar 1912 wurde die SPD mit 110 Abgeordneten zur stärksten Fraktion.

48

Anonym:
Ein Volksvertreter.

5. Beiblatt zum Kladderadatsch Nr. 7/1912 (18. Februar).

Im Gespräch zwischen zwei Vagabunden stellt sich der eine als Reichstagsabgeordneter heraus. Die Zeichnung verunglimpft die soziale Herkunft der 110 Vertreter, die die SPD nach der Wahl vom Januar 1912 in den Reichstag entsenden konnte.

Germaniens Lieblinge.

Bethmann die Bürger beschwört: ach, wählet mir ja keine Rote! Lachend doch springt die Schar über das Hindernis weg.

Nr. 7 Fünftes Beiblatt — Kladderadatsch — Berlin, den 18. Februar 1912

Ein Volksvertreter

„Jehst du in die Wärmehalle?" — „Nee, in'n Reichstach! Mir ruft die Pflicht!"

49

Ludwig Stutz:
Ein leicht
zu überwindendes Hindernis.

2. Beiblatt zum
Kladderadatsch Nr. 9/1912.

Der Sozialdemokrat Philipp Scheidemann im bürgerlichen Gehrock und mit überdimensionaler Ballonmütze in einer fiktiven Situation vor dem bewachten Tor des Berliner Schlosses, das so niedrig ist, daß es Scheidemann beim Eintreten zum Verbeugen zwingen würde. Als kurzzeitiger Vizepräsident des Reichstages hatte Scheidemann es abgelehnt, den üblichen Antrittsbesuch bei Wilhelm II. zu machen und dort das Kaiserhoch auszubringen. Das Problem stellte sich bald nicht mehr, weil Scheidemann bei der endgültigen Präsidiumswahl wieder abgewählt wurde.

Nr. 9
Zweites Beiblatt

Kladderadatsch

Berlin,
den 3. März 1912

Ein leicht zu überwindendes Hindernis

„Aber Herr Scheidemann, wenn Sie die aufgeblasene Zukunfts-Ballonmütze ein klein wenig herunterdrücken, kommen Sie ja mit Leichtigkeit hinein!“

Meinungsaustausch bei den Genossen

Personenkarikaturen

1890–1914

Meinungsaustausch bei den Genossen

Obwohl führende Vertreter der Sozialdemokratie wie August Bebel und Wilhelm Liebknecht schon vor und während des Sozialistengesetzes (1878–1890) via Spottbild namentlich und physiognomisch bekannt gemacht worden waren, begann die große Zeit der Personenkarikatur der Partei doch erst nach 1890. Dies hing mit dem unaufhaltsamen Zuwachs an Stimmen und Reichstagsmandaten zusammen, der bei der Wahl von 1912 kulminierte (vgl. Abb. 47). Es hatte seine Ursache aber auch in der bereits beschriebenen Vermehrung und Auflagensteigerung der Karikaturzeitschriften (vgl. S. 46), die um die Jahrhundertwende mangels ausreichendem Fotodruck eine Informationslücke füllten.

Aus diesen Gründen liegen so viele verschiedene Personenkarikaturen vor, daß kaum zu klären ist, welche die jeweils bissigste und feindlichste, oder auch treffendste, gerechteste und freundlichste ist. Denn für die Personenkarikatur gilt: wer aufgrund bestimmter Leistungen in das Rampenlicht der Öffentlichkeit gerät, gibt zwar Angriffsfläche für beißenden Spott preis, erntet dadurch aber gleichzeitig ein gewisses Maß an Respekt. Es sind dann auch die in vorderster Front stehenden Genossen, die der meisten Karikaturen für würdig befunden wurden. Wer andersherum nicht einmal im Reichstag vertreten war, fand sich auch nicht unter den nach jeder Wahl offiziell ausgegebenen Fotoporträts und lieferte somit keine zeichnerische Vorlage, auf die der Karikaturist im aktuellen Bedarfsfalle zurückgreifen konnte.

Geradezu als „Triumvirat“ müssen die drei Mächtigen im Parteivorstand empfunden worden sein, die auch in den – von den Personenkarikaturen oft nicht klar zu trennenden – Ereignisbildern dementsprechend häufig auftauchten: voran August Bebel, formal nach dem Fall des Sozialistengesetzes zunächst nur Parteikassierer, de facto aber der von allen Seiten gleichermaßen respektierte, als temperamentvoll geltende „Gegenkaiser“ (Abb. 50, 51); dann sein engster Vertrauter, der kompromißlose Wilhelm Liebknecht, Chefredakteur des *Vorwärts* (Abb. 52, 53); und schließlich Paul Singer, neben dem blassen (in Karikaturen nicht vorkommenden) Karl Gerisch der beliebtere der beiden Vorsitzenden der Partei (Abb. 54). Zu jeder dieser Persönlichkeiten ließe sich eine eigene Monographie in Karikaturen zusammenstellen, so zahlreich sind sie in den Satireblättern der Jahrhundertwende vertreten.

Physiognomische Kenntnis bewiesen in erster Linie die Zeichner des *Kladderadatsch,* die in Berlin sowohl den Reichs- wie auch den Landtag direkt beobachten konnten. Ludwig Stutz, Gustav Brandt und Anton Krüger hatten hier die spitzesten Federn, gefolgt von Franz Jüttner bei den *Lustigen Blättern.* Für den ebenfalls in Berlin erscheinenden *Ulk* zeichnete ein an sich eher als unpolitisch bekannter Künstler mehrere Liebknecht-Karikaturen: Lyonel Feininger, Vater des comic strips „The Katzenjammer Kids“ und später Meister an der berühmten Werk- und Kunstakademie *Bauhaus.*

Auch sozialdemokratische Frauen erschienen ab 1890 des öfteren im Zerrspiegel. In einem seltenen „Vorläufer“ war bereits im Jahre 1878 Berta Hahn, die Mitbegründerin des *Berliner Arbeiterfrauen- und Mädchenvereins,* karikiert worden (Abb. 55). Um die Jahrhundertwende tauchten nun weitere bekannte Sozialdemokratinnen auf: so z.B. die als Revisionistin hingestellte Lily

Braun (Abb. 56) oder die als Radikale gefürchete Klara Zetkin (Abb. 57). Die meistkarikierte Genossin jedoch war Rosa Luxemburg (Abb. 58, 59, 60). Ihr gereichten aufgrund ihrer kompromißlosen politischen Haltung sowohl die jüdisch-polnische Herkunft als auch die durch ein Hüftleiden geprägte äußere Erscheinung zum Nachteil. An Rosa Luxemburg exemplifizierten die Zeichner – vor allem die der *Jugend* und des *Kladderadatsch* – sämtliche Mittel und Methoden der Herabwürdigung in der Frauenkarikatur im allgemeinen und der Suffragettenkarikatur im besonderen: Verzerrung bis zur Häßlichkeit, Unterstellung von männlichem Verhalten und von Gewalttätigkeit.

Dagegen nimmt sich die Karikatur des ebenfalls als scharfer Redner bekannten männlichen Kollegen Arthur Stadthagen (Abb. 61) trotz der dargestellten Zerstörungswut vergleichsweise harmlos aus. Solche Karikaturen sind, an der Häufigkeit ihres Erscheinens gemessen, dann auch eher Ausnahmen, während die Luxemburg-Karikatur über drei Jahrzehnte hinweg zu beobachten ist (vgl. Abb. 109, 113).

Bekannte Wissenschaftler oder Künstler, die Engagement für die Sozialdemokratie zeigten, wurden als besonders exotische Spezis angesehen, die es sofort zu karikieren galt. Um die Jahrhundertwende war der Schriftsteller Gerhart Hauptmann der herausragende Exponent dieser Gruppe (Abb. 62). Er begründete eine Tradition, die später die Gebrüder Mann (Abb. 155) und Günter Grass (Abb. 172) weiterführten.

Zu den selteneren Beispielen zählen auch jene Karikaturen, die mehrere namentlich bekannte Genossen in einem Bild oder einer Bildfolge vereinen. Dazu gehören u.a. die „Weihnachtsfeier im Zukunftsstaat" (Abb. 63) mit den fast schon traditionellen Topoi der Weihnachtsbescherung und des internen Streits, und die „Bilder vom Essener Parteitag" (Abb. 64), die insofern interessant sind, als hier zwei Sozialdemokraten auftauchen, die beide kurz später den Zeichnern die meisten Anlässe für neue Bilder liefern sollten. Der eine ist Gustav Noske, Spezialist für Militärfragen, der andere Karl Liebknecht, Rechtsanwalt und Antimilitarist. Der radikale Parteilinke Liebknecht wurde schon vor dem Krieg als der obrigkeitsfeindliche „Rotzlümmel" dargestellt (Abb. 66), als der er auch nach Ausbruch des Weltkrieges häufig karikiert werden sollte.

50

Ludwig Stutz:
Der Herr Drechslermeister an der Arbeit.

Kladderadatsch Nr. 8/1896.

August Bebel wird in dem von ihm erlernten Beruf als Drechslermeister gezeigt. Nach dem Vorbild eines in Quadrate aufgeteilten Erdmodells bearbeitet er den in der Drehmaschine eingespannten Globus und mischt sich am Beispiel der damals aktuellen „Transvaal-Frage" in die Weltpolitik ein, die er mit einem „Staatswagen" lenken will, für den die Räder rechts unten schon bereitstehen.

Der Herr Drechslermeister an der Arbeit.

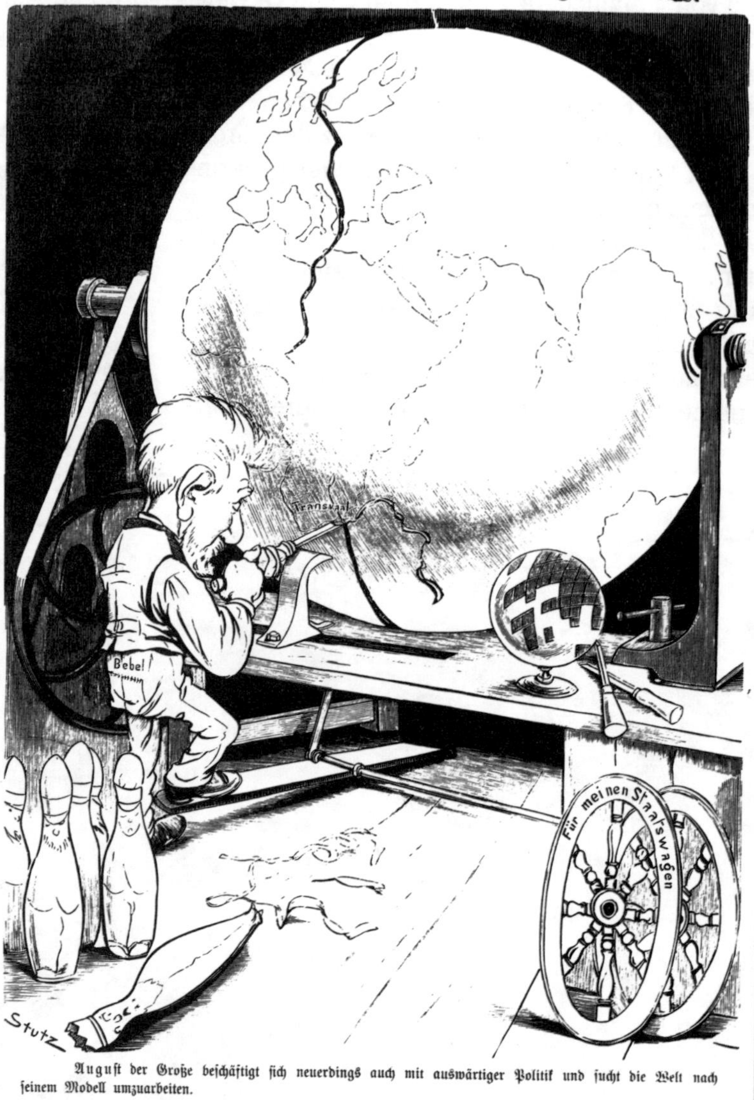

August der Große beschäftigt sich neuerdings auch mit auswärtiger Politik und sucht die Welt nach seinem Modell umzuarbeiten.

Verantw. Redacteur J. Trojan in Berlin. — Verlag von A. Hofmann & Comp. in Berlin, Leipzigerstr. 135. I. — Druck von Hempel & Co., Berlin.

51

Arpad Schmidhammer: Vulkan Bebel.

Jugend Nr. 39/1903.

Anläßlich des Dresdener Parteitages im September 1903 wird August Bebel als Vulkan gezeigt, dessen Ausbrüche die Redaktion des *Vorwärts* (unten rechts) und den Reformisten Georg von Vollmar (unten links) mit Lava und Geröll überdecken.

52

Lyonel Feininger:
Im Redaktions-Käfig
des „Vorwärts".

Titel Ulk Nr. 38/1896.

Wilhelm Liebknecht als Löwenbändiger vor dem Käfig, in dem die Redakteure des *Vorwärts* gefangen sind. Sie müssen sich der Peitsche ihres Chefredakteurs beugen, die sich zu dem Wort „Parteidisciplin" formt. Wegen des Doppelcharakters der Zeitung als Zentralorgan der Partei und Berliner Lokalblatt kam es gelegentlich zu Kompetenzstreitigkeiten und politischen Auseinandersetzungen.

ULK

Nummer 38 — 25. Jahrgang

Illustrirtes Wochenblatt für Humor und Satire

Wieso und wann das Blatt erscheint.
Täglich wird viel Ulk gemacht.
Freitags wird er Euch gebracht.

Familienverhältnisse des Ulk.
Scherenberg und Manzel illustriren,
Schmidt-Cabanis und Mehring redigiren.

Berlin, 18. September 1896

Entre nous.
Abonnent vom Tageblatt
Kriegt ihn gratis, als Rabatt.

Einzelverkauf.
Für fünfundzwanzig Pfennig eine Nummer,
Ob's nicht zu billig, das ist unser Kummer.

NACHDRUCK SÄMMTLICHER ARTIKEL VERBOTEN.

Im Redaktions-Käfig des „Vorwärts".

„Freiheit, die ich meine!"

53

Gustav Brandt:
Ein Zukunftsbild.

2. Beiblatt zum Kladderadatsch Nr. 24/1898.

Wilhelm Liebknecht taucht in dem für die sozialdemokratische Karikatur schon früh verwendeten Topos als überdimensionaler Knochenmann auf. Mit Narrenkappe und Leichentuch bekleidet und von Gewitterwolken umgeben, mäht er mit der Sense eine Vielzahl von Kirchen und Fabriken nieder, die laut Unterzeile seine Vorstellung vom „Zukunftsstaat" beeinträchtigen.

Ein Zukunftsbild.

Was wird und muß nicht alles verschwinden, wenn der Zukunftsstaat von Wilhelm Liebknecht eingerichtet wird.

54

Franz Jüttner: Reichstags-Präsident Singer.

Titel Lustige Blätter Nr. 31/1903.

Ein grimmiger Paul Singer, einer der beiden Vorsitzenden der SPD nach 1890, erschrickt in einer fiktiven Situation als Reichstagspräsident den Kriegsminister von Einem, indem er dessen „Militär-Vorlage“ nicht nur wörtlich, sondern auch bildlich „zerreißt“.

55

Anonym:
Musée Tintamarresque (Krachmuseum). Sozialdemokratischer Maskenscherz.

Berliner Wespen Nr. 43/1878 (25. Oktober).

In zwei Bildern im „Vorher-Nachher"-Muster wechseln die Sozialdemokraten Friedrich Wilhelm Fritzsche und Berta Hahn ihre „Masken". Fritzsche, links mit Jacobinermütze und Knotenstock, wird zu einem folkloristisch anmutenden Bauern mit „Unschuldslamm" neben sich. Berta Hahn, links ebenfalls mit phrygischer Mütze und Petroleumflasche als Umstürzlerin und Brandstifterin gekennzeichnet, läuft rechts im Dirndl und hält eine Büchse „Pomade" in der Hand. Die Sozialdemokratin hatte am 28. Februar 1873 zusammen mit Pauline Staegemann und Johanna Schackow den *Berliner Arbeiterfrauen- und Mädchenverein* gegründet, der eine vollständige soziale Umwälzung befürwortete, mit Inkrafttreten des Sozialistengesetzes im Oktober 1878, in dem auch die Karikatur entstand, seine Arbeit aber nicht mehr offen ausüben konnte.

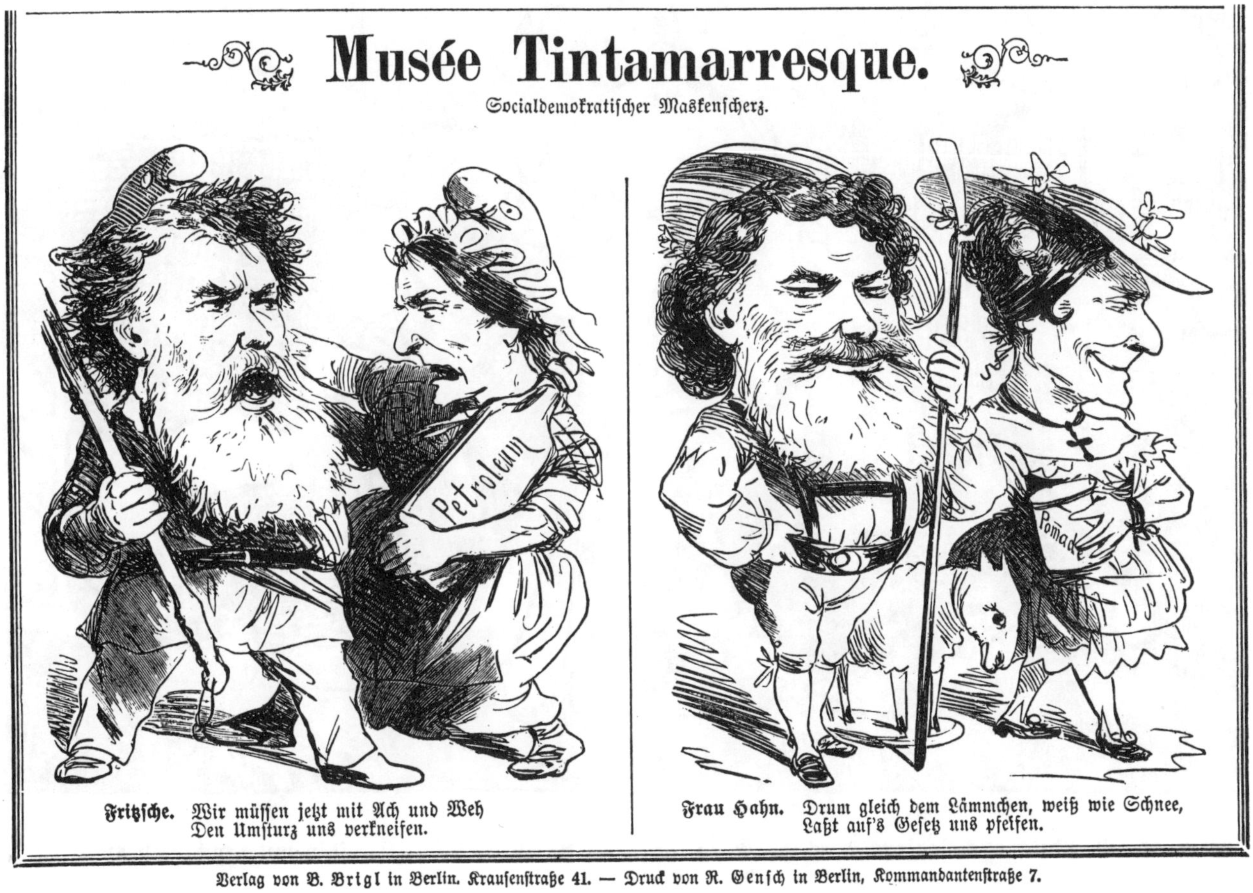

56

Anonym:
Die Parteischutzzöllner.

2. Beiblatt zum Kladderadatsch Nr. 27/1906.

Lily Braun wird von August Bebel, Arthur Stadthagen und Paul Singer bei der Rückkehr von einer Vortragsreise durch England peinlich genau auf „bürgerliche Kontrebande" (Unterzeile) untersucht und vor das „Parteigericht" zitiert. Die durch ihr 1912 erschienenes Buch „Die Memoiren einer Sozialistin" berühmt gewordene Frau des Abgeordneten Heinrich Braun (vgl. Abb. 63) war schon vorher aufgrund sozialreformerischer Ideen wie der „Gemeinschaftsküche" aufgefallen, hatte durch Artikel für bürgerliche Zeitungen wie die *Zukunft* Aufsehen erregt und war vom *Proletarischen Frauenverein* in Berlin ausgeschlossen worden. Seit 1906 führte sie Vortragsreisen in halb Europa durch.

Die Parteischutzzöllner

Bei ihrer Rückkehr aus England wird die Genossin Lily Braun genau daraufhin untersucht, ob sie etwa bürgerliche Kontrebande mit sich führt.

57

Anonym:
Klara Zetkin.

Jugend 40/1907.

Aus Anlaß des Essener Parteitages im September 1907 wird die Genossin Klara Zetkin als revolutionäre Phrasen dreschende Dauerrednerin hingestellt, die selbst Parteitagspräsident Paul Singer nicht mundtot bekommt.

Klara Zetkin

Klara: „Heute ist das ‚Vaterland' die Domäne für die Klassenausbeutung . .“
Singer (nach 20 Minuten): „Die Redezeit ist zu Ende!“

Klara: „Ich bin gleich fertig!“

Klara: „Unser Patriotismus ist revolutionär und soll das Vaterland erobern . .“
Singer (nach weiteren 10 Minuten): „Ich muß dringend ersuchen . .“

Klara: „Bin gleich fertig!“

Singer (nach einer Stunde): „Gott sei Dank, — ihre Stimme ist übergeschnappt!“

58

Krotowski: Meinungsaustausch bei den Genossen.

Ulk Nr. 12/1907.

Eine als häßlich dargestellte Rosa Luxemburg bedroht die Genossen Max Schippel, Wolfgang Heine, Georg Bernhard, Eduard Bernstein und Georg von Vollmar mit einem Revolver. Während Rosa Luxemburg zum linken Flügel der Partei gehörte, zählten die von ihr Angegriffenen eher zur reformistischen oder revisionistischen Seite.

Meinungsaustausch bei den Genossen. Rosa: Hände hoch!!!

59

Arthur Johnson:
Ohne Titel.

1. Beiblatt zum Kladderadatsch Nr. 40/1906.

Rosa Luxemburg als „Aurora“, der eigentlich schönen römischen Allegorie der Morgenröte, dem Symbol der neuen Zeit, auf einem Muschelwagen, der von häßlichen Furien gezogen wird.

Nr. 40
Erstes Beiblatt

Beiblatt zum Kladderadatsch

Berlin,
den 7. Oktober 1906

Motto: Nur durch das Morgentor des Schönen
Drangst du in der Erkenntnis Land. (Schiller)

Sie kommt, und höher alle Herzen schlagen;
Mach' dich, beglückte Welt, bereit!
Von rosafarb'nem Wolkendunst getragen,
Herfährt Aurora auf dem Muschelwagen,
Die Morgenröte einer neuen Zeit.

60

A. Geigenberger: Schon glaublich!

Jugend Nr. 11/1907.

Rosa Luxemburg führt mit einem Prügel in der Hand eine Gruppe englischer Suffragetten an, die sich seit 1903 zu kämpferischen Aktionen für das Frauenwahlrecht organisiert hatten.

A. Geigenberger

Schon glaublich!

Rosa: „Mit einem halben Dutzend englischer Frauenrechtlerinnen getrau' ich mir, den ganzen Reichstag 'rauszuschmeißen!"

61

Ludwig Stutz:
Aus dem Reichstage.
Zur Verhandlung über das Bürgerliche Gesetzbuch.

Kladderadatsch 1896.

Der Mund des sozialdemokratischen Schriftstellers Arthur Stadthagen formt sich zu einem Revolver, aus dem Worte wie Geschosse auf die über das Bürgerliche Gesetzbuch debattierenden Reichstagsabgeordneten fliegen. Stadthagen, der von der Anwaltschaft ausgeschlossene studierte Jurist, Berliner Stadtverordneter und Mitglied des Reichstags seit 1890, war wegen seiner scharfen Reden bekannt.

Aus dem Reichstage. Zur Verhandlung über das Bürgerliche Gesetzbuch

Der Abgeordnete Stadthagen hat das Wort.

62

Arpad Schmidhammer: Genosse Gerhart Hauptmann.

Jugend Nr. 7/1904.

Der lorbeerbekränzte Dichter („poeta laureatus") mit Ballonhut als Gegentypus zum „wilden Gesellen". Sozialdemokratische Künstler gelangten des öfteren in die Karikatur (vgl. Abb. 155, 172).

Genosse Gerhart Hauptmann
als „Poeta laureatus" des Zukunftsstaates.

63

Ludwig Stutz: Weihnachtsfeier im Zukunftsstaat.

1. Beiblatt zum Kladderadatsch Nr. 51/1903.

Um eine deutsche Abwandlung des aus der Zeit der Französischen Revolution stammenden „Freiheitsbaumes“ mit der obenaufgesetzten Jakobinermütze streiten sich zehn Genossen. Paul Singer und August Bebel erklimmen den mit „gehängten Königen“ dekorierten Tannenbaum, während sich am Boden von links nach rechts um lärmerzeugendes Spielzeug raufen: Richard Fischer, Paul Göhre, Arthur Stadthagen, Heinrich Braun, Franz Mehring, Karl Kautsky, Eduard Bernstein und Wolfgang Heine. Die Karikatur greift damit die Klischees von der Weihnachtsbescherung (vgl. Abb. 7, 9, 168, 179) und dem internen Streit (vgl. Abb. 6, 37, 39, 118, 164) wieder auf.

Alleinige Anzeigen-Annahme bei **Rudolf Mosse** Annoncen-Expedition für sämmtliche Zeitungen Deutschlands u. d. Auslandes in **Berlin SW.**, Breslau, Cöln a. Rh., Dresden, Düsseldorf, Frankfurt a. M., Halle a. S., Hamburg, Leipzig, Magdeburg, Mannheim, München, Nürnberg, Prag, Stuttgart, Wien, Zürich.

Beiblatt zum Kladderadatsch

Anzeigenpreis für die 4-gespaltene Zeile oder deren Raum Mark 1.—

Nr. 51 Erstes Beiblatt — Berlin, den 20. December 1903 — LVI. Jahrgang

Weihnachtsfeier im Zukunftsstaat

Friede auf Erden und den Menschen (die nicht Genossen sind) ein Wohlgefallen.

64

Anonym:
Bilder vom
Essener Parteitag.

Jugend Nr. 40/1907.

Aus Anlaß des Essener Parteitages werden mehrere Genossen mit unsinnigen Aussprüchen vorgestellt: Karl Liebknecht, Theodor Bömelburg, Eduard David, Weißmann, Gustav Noske, Karl Ulrich, Arthur Stadthagen und Georg Ledebour.

Bilder vom Essener Parteitag

Liebknecht

„Mein Wort vom ‚Verekeln' ist mißverstanden worden . ."

Bömelburg

„Die sich heute absplittern, das sind Disziplinlose, die sich in keiner Organisation gebrauchen lassen!"

David

„Einschränken oder verbieten will ich die Kritik der Reden deswegen nicht, damit die Reden Stadthagens nicht unkritisiert bleiben!"

Weißmann

„Nachdem ich gestern einen sehr unbescheidenen Antrag gestellt habe, will ich heute ganz bescheidene Vorschläge machen!" (Heiterkeit).

Noske

„Die ‚Leipziger Volkszeitung' hat sich direkt aus den Fingern gesogen, daß mich der Kriegsminister wegen meines patriotischen Verhaltens gelobt hat. Kein Wort ist wahr davon!"

Ulrich

„Also nicht gehässige, ungerechte Kritik, sondern Verständnis für das, was ein Genosse sagt!"

Stadthagen

„Auch ein Angriffskrieg ist nur ein Angriff eines Kapitalisten auf einen andern!"

Ledebour

„All diese Redereien der bürgerlichen Agenten sind natürlich reiner Schwindel zur Unterstützung der Weltpolitik der gepanzerten Faust!"

65

Anton Krüger:
Im Elysium.

9. Beiblatt zum Kladderadatsch Nr. 14/1911.

Die verstorbenen Wilhelm Liebknecht und Paul Singer sind von irdischen Teufeln zu himmlischen Engeln mit Ballonmützen geworden. Auf seiner Wolke beklagt Liebknecht das Verhalten seines Sohnes Karl im preußischen Abgeordnetenhaus.

Im Elysium

Der alte Liebknecht zu Singer: „Sei froh, lieber Genosse, daß du keinen Sohn hast."

66

Anton Krüger:
Im Bezirk
des „Alten Fritzen".

3. Beiblatt zum
Kladderadatsch Nr. 19/1912.

Von Christian Daniel Rauchs Reiterstatue eines erstaunten Friedrichs des Großen spuckt Karl Liebknecht auf dessen Schloß Sanssouci im Park des Stadtteils Potsdam, dessen Abgeordneter Liebknecht war. Die Karikatur fällt in die Zeit erregter Debatten im preußischen Landtag um die Abschaffung des Dreiklassenwahlrechts (vgl. hierzu Abb. 75).

Im Bezirk des „Alten Fritzen"

Der sozialdemokratische Abgeordnete Liebknecht nannte in einer Landtagsrede Preußen einen Staat, dem anzugehören man sich schämen müsse.

„Welch ein Schlingel treibt denn hier sein ruppiges Wesen?"
„Der Vertreter von Potsdam im Preußischen Abgeordnetenhause!"

Der Zukunftsstaat

Programmatische Karikaturen

1890–1914

Der Zukunftsstaat

Wie für die Ereignis- und Personenkarikatur liegt auch für die programmatische Karikatur, die sich inhaltlichen Aspekten widmet, die große Zeit in dem Vierteljahrhundert vom Ende des Sozialistengesetzes bis zum Ausbruch des Weltkrieges. Programmatische Karikaturen sind vergleichsweise selten, da sie z. T. schwierige abstrakte Themen behandeln. Am häufigsten finden sich Spottbilder, in denen – aufbauend auf der frühen Sozialismuskarikatur – Typen erscheinen, von deren äußerer Erscheinung auf eine bestimmte ideologische Haltung geschlossen werden soll. Das reicht von übertriebenen Wiederholungen des alten Topos des „wilden Gesellen" (Abb. 67) über Erfindungen von drastischer Komik (Abb. 68) bis zum ironisch gemeinten Gegenteil (Abb. 69).

Fast schwerwiegender als der alte Vorwurf von der „Umsturzpartei" wog die von Wilhelm II. aufgebrachte und dann von der Allgemeinheit übernommene Anschuldigung, bei den Sozialdemokraten handele es sich um „vaterlandslose Gesellen". Sie wurde von der Karikatur oft thematisiert, so z. B. anläßlich des „Sedantages", der einen entscheidenden Sieg über die französische Armee im Jahre 1870 markierte und von den nationalistischen Kräften im Lande, nicht aber von der Sozialdemokratie feierlich begangen wurde (Abb. 70). Die heftigsten Attacken in Richtung „Vaterlandslosigkeit" ritt der nach den SPD-Wahlerfolgen von 1903 gegründete *Reichsverband zur Bekämpfung der Sozialdemokratie*, der Flugblätter mit Karikaturen in Millionenauflage in Umlauf brachte, auf denen die SPD als Zerstörerin der deutschen Einheit angeprangert wurde (Abb. 71). Die für die Partei tätigen Zeichner wurden ihrerseits nicht müde, dem „Reichsverband" mit Gegenbildern Paroli zu bieten. Darunter findet sich das Bild der sozialdemokratische „Pilze" sammelnden Germania, die dem *Reichsverband* ein gehöriges „Bauchgrimmen" prophezeit (Abb. 72).

Einige der SPD-feindlichen Karikaturen vermitteln den Eindruck von Furcht davor, die Sozialdemokratie könne die Macht übernehmen und der „Zukunftsstaat" würde Wirklichkeit. Unzählige Karikaturen übernahmen diesen Begriff, der seit einer Rede August Bebels vor dem Reichstag im Jahre 1893 unter dem Titel „Zukunftsstaat und Sozialdemokratie" in 1,7 Millionen Exemplaren verbreitet wurde, als Überschrift. Die *Jugend* widmete ihm sogar ein ganzes Heft, in dem sich Arpad Schmidhammer als Zeichner besonders hervortat. Beim *Kladderadatsch* brachten Ludwig Stutz, Gustav Brandt und Anton Krüger die meisten Visionen von der SPD-Schreckensherrschaft hervor. Krüger – der nach dem Weltkrieg erstaunlicherweise zum *Wahren Jacob* überwechselte – setzte das Schlagwort von der sozialdemokratischen „Gleichmacherei" besonders anschaulich ins Bild: sogar die Gehirne der Repräsentanten der wilhelminischen Gesellschaft werden dort ausgetauscht (Abb. 73).

Gegenoffensiven provozierte natürlich auch die Forderung der SPD nach dem Achtstundentag. Der Zeichner Brandt ließ die Sozialdemokraten Singer und Bebel in einer brutalen Operationsszene die Füße von der Personifikation der „Deutschen Wirtschaft" amputieren, um zu verdeutlichen, daß diese nach Einführung des Achtstundentages nicht mehr „wettlauffähig" sein würde (Abb. 74).

Versuche, am preußischen Dreiklassenwahlrecht zu rütteln, kamen einer Heraufbeschwörung des

Untergangs der liberalen Parteien gleich und wurden mit entsprechenden Karikaturen kommentiert. Für Franz Jüttner von den *Lustigen Blättern* nahm bei dieser Gelegenheit die Sozialdemokratie die Gestalt einer „rothen Schlange" an (Abb. 75).

Von den sozialdemokratischen Satireblättern abgesehen, verhielten sich nur der *Ulk* und der *Simplicissimus* vergleichsweise zurückhaltend. Der erstere quittierte das allenthalben als anstößig empfundene Verhalten der Fraktion während des Kaiserhochs im Reichstag, bei dem sämtliche Sozialdemokraten entweder sitzen blieben oder den Saal verließen, sogar mit einer sehr humoristischen Lektion aus der Parteischule (Abb. 76).

Die meisten inhaltlichen Karikaturen beschäftigten sich jedoch mit dem sogenannten Revisionismusstreit, der seit einer Artikelserie Eduard Bernsteins in der *Neuen Zeit* von 1896 die ideologische Debatte in der Partei beherrschte. Die mit der Marxschen Katastrophentheorie verknüpfte Voraussage von der Verelendung der Arbeiterschaft wurde darin erstmals grundsätzlich in Zweifel gezogen. Davor schon hatten Reformisten wie Georg von Vollmar in Bayern den Zorn der Partei auf sich geladen, weil sie den Landeshaushalten zustimmten, um handlungsfähiger zu werden, wohingegen eine reichsweite Budgetbewilligung stets für indiskutabel erachtet wurde. Reformisten wie Revisionisten wurden von den bürgerlichen Blättern verständlicherweise zurückhaltend karikiert. In einer Gegenüberstellung mit Bebel kommt Vollmar im *Ulk* weitaus glimpflicher davon (Abb. 77). Die neuen „Farbtöne" in Lila erschrecken ebendort auch nur das altersschwach gewordene „rote Gespenst" (Abb. 78). Karl Arnold stellte Bernstein in der *Jugend* sogar indirekt als Realpolitiker dar, der den Utopisten die Luft abläßt (Abb. 79). In die Schwarzmalerei von der Spaltung der Partei in „Revisionisten" und „Radikale" verfiel selbst *Der Wahre Jacob* noch 1910 (Abb. 80). Vom erfinderischsten seiner Zeichner, Hans Gabriel Jentzsch, wurden die Kontrahenten jedoch zu Kampfesgenossen vereint, die den Drachen des Kapitalismus gemeinsam besiegen.

67

Anonym:
Ohne Titel.

Jugend Nr. 7/1904.

Ein grimmiger Sozialdemokrat mit Ballonmütze, Knotenstock und dem Habitus des „wilden Gesellen“ aus der Frühzeit der Sozialismuskarikatur (vgl. Abb. 2, 10, 28) steht triumphierend auf der Zahl 30 Millionen. Tatsächlich hatte die Partei bei der Reichstagswahl von 1903 etwa 3 Millionen Stimmen bekommen, so daß die hier zitierte Zahl eine Wunschvorstellung aus dem „Zukunftsstaat“ bleibt.

68

Anonym:
Erster Anschauungsunterricht in den Schulen.

Jugend 1910/II, S. 860.

Ein Fabelwesen aus Teufel und Sozialdemokrat als Vorschlag für eine politisch abschreckende Klassenzimmergestaltung. Die Unterzeile enthält eine Anspielung auf die Religionsfeindlichkeit des Sozialismus. Obwohl die starke Übertreibung das Bild auch in den Augen der Zeitgenossen als Nonsense-Karikatur erscheinen lassen mußte, wird die Mischung aus übermütiger Ironie und tiefstem Ernst spürbar.

Erster Anschauungsunterricht in den Schulen

Die Decken der Klassenzimmer verschiedener Schulen des Regierungsbezirks Potsdam sind mit der Zeichnung der Windrose geziert, damit den Kindern die Himmelsrichtungen täglich und stündlich ad oculos demonstriert werden. Das ist eine hübsche und zweckgemäße Anregung; wir hoffen zuversichtlich, daß auch die empfehlenswerteste politische Richtung den Knaben auf ähnliche Weise bei Zeiten so drastisch und klar als möglich eingeprägt wird.

Der Sozi, rötlich und gemein,
Hat Hörner, Schwanz und Hinkebein.
Er haßt die Kirche, lieber Sohn,
Und stinkt auf 100 Meilen schon.

69

Anonym: Socialdemokratisches Modejournal.

Jugend Nr. 40/1902.

Die Veränderung des sozialdemokratischen Habitus in der Vergangenheit, Gegenwart und Zukunft: als bluttriefender Revolutionär mit phrygischer Mütze und Keule im Jahr der Vereinigung in Gotha (1875), mit Ballonhut und Programmschrift im Jahr der Aufhebung des Sozialistengesetzes (1890), als Bourgeois mit Glacéhandschuhen, Gehrock, Zylinder, Monokel und kleinem Programm in der Gegenwart (1902) und – als unweigerliche Folge – mit höfischer Tracht und Kaiser-Wilhelm-Bart in der Zukunft (1910).

70

Ludwig Stutz: Socialdemokratischer Gesang am Sedantage.

Kladderadatsch Nr. 35/1895 (1. September).

August Bebel und Wilhelm Liebknecht bewerfen den hoch zu Roß die Sedan-Fahne tragenden Ritter Bismarck mit Pferdemist als Ausdruck ihrer Mißachtung der 25. Wiederkehr des „Sedanstages“. Am 1. September 1870 hatte die französische Armee bei Sedan eine entscheidende Niederlage erlitten, die von nationalistischen Kräften im Deutschen Reich alljährlich gefeiert wurde. Die Karikatur stellt die Sozialdemokraten als „vaterlandslose Gesellen“ hin. („Tu ne cede malis – weiche dem Unglück nicht“, nach Virgils „Aenaeis“.)

Socialdemokratischer Gesang am Sedantage.

Motto: Tu ne cede malis ....

Frisch, auf Kammeraden, vom Pferd,
vom Pferd!
Es wird zum Sammeln geblasen!
Der Liebknecht und der Bebel werth,
Sie zeigen gar feine Nasen.
Sie dienen dem Völkerverbrüderungs-Zweck
Und wühlen mit beiden Händen im — Material.

71

Anonym:
Wählt zur Ehre des Vaterlandes gegen seine Zerstörer!

Flugblatt des „Reichsverbands gegen die Sozialdemokratie", vor der Reichstagswahl 1907.

Ein Gruppe von Sozialdemokraten versucht die „Germania" des Bildhauers Johannes Schilling, die als Symbol der deutschen Einheit nach dem deutsch-französischen Krieg von 1870/71 auf dem Niederwald errichtet wurde, niederzureißen. Oben links und rechts sind warnende bzw. verheißungsvolle Szenen für den Fall von sozialdemokratischem Wahlsieg oder -niederlage eingeblendet. Der *Reichsverband gegen die Sozialdemokratie*, der dieses und andere Flugblätter in Millionenauflage in Umlauf brachte, hatte sich nach den Wahlerfolgen der SPD von 1903 aus Freikonservativen und Nationalliberalen gebildet und attackierte die SPD besonders heftig vor den sogenannten „Hottentottenwahlen" von 1907 (vgl. Abb. 43). Die SPD wehrte sich mit Gegenkarikaturen (vgl. Abb. 72).

Nr. 55.

Wählt zur Ehre des Vaterlandes gegen seine Zerstörer!

Bebels Heerscharen an der Arbeit.

72

A. Mrawek:
Germanias Ernteaussichten.

Titel
Der Wahre Jacob Nr. 656/1911.

Germania, die im Flugblatt des *Reichsverbands gegen die Sozialdemokratie* (vgl. Abb. 71) von der SPD angeblich gestürzt wurde, macht sich angesichts der wie Pilze mit Ballonhüten aus dem Boden sprießenden Sozialdemokraten über das zu erwartende „Bauchgrimmen" (Unterzeile) des „Reichsverbandes" lustig. Die Gegenkarikatur des *Wahren Jacob* erschien im Vorfeld des Wahlkampfes zur Reichstagswahl im Januar 1912, der die SPD zur stärksten Fraktion machte.

Nr. 656 19 Parteitag Stuttgart den 12. September 1911

DER WAHRE JACOB

Abonnementspreis pro Jahr Mk. 2.60 | Erscheint alle vierzehn Tage. | Verantwortlich für die Redaktion: B. Heymann in Stuttgart.
Anzeigen pro 4gespaltene Nonpareille-Zeile Mk. 2.– | Preis bei Postbezug vierteljährlich 65 Pfg. (ohne Bestellgeld). | Verlag von J. H. W. Dietz Nachf. G. m. b. H. in Stuttgart.

Germanias Ernteaussichten.

A. Mrawek

„Lauter Giftpilze!! Wenn der Reichsverband die alle fressen will, wird er schon das Bauchgrimmen kriegen!"

73

Anton Krüger:
Auf der Montierungskammer der Gleichheitsmacherei.

3. Beiblatt zum Kladderadatsch Nr. 8/1909.

Ein „Sozi" mit Ballonmütze und Nelke kommandiert eine Gruppe von vier typischen Repräsentanten der wilhelminischen Gesellschaft, läßt sie sich umziehen und per Gehirnoperation die Einstellung wechseln, bis sie ihm selbst ähneln.

74

Gustav Brandt:
Eine sozialdemokratische Operation.

Kladderadatsch Nr. 22/1890.

Eine Illustration der sozialdemokratischen Forderung nach dem Achtstundentag. Paul Singer und August Bebel sägen der Allegorie der „Deutschen Industrie“ beide Füße als Zeichen für zwei Arbeitsstunden ab, so daß sie beim Wettlauf mit der Industrie des Auslandes nicht mehr Schritt halten kann. Die Zeichnungsfolge wurde von Unternehmerverbänden als Flugblatt in Umlauf gebracht (zum Achtstundentag vgl. Abb. 136).

Eine sozialdemokratische Operation

und

ihre Folgen.

75

Franz Jüttner:
Die rothe Schlange.

Lustige Blätter Nr. 32/1903.

Der liberale Abgeordnete Theodor Barth von der *Freisinnigen Vereinigung* mit der von ihm herausgegebenen Zeitung *Die Nation* im Ranzen „hebt" mit seiner Forderung nach Wegfall des Dreiklassenwahlrechts die „Schwelle" zum Eintritt in den preußischen Landtag für die Sozialdemokratie auf, die ihm selbst sofort als „rothe Schlange" gefährlich wird. Die SPD beteiligte sich nicht vor 1908 an den Landtagswahlen in Preußen (vgl. Abb. 45, 46).

Die rothe Schlange. (Ein Märchen.)

Da kam ein Wandersmann des Weges, der hieß Barth, und hob den großen Stein auf, welcher der Freiheit im Wege lag.

„Das hast Du gut gemacht", zischte die Schlange, die darunter gelauert hatte, „dafür sollst Du auch zuerst von mir gebissen werden!"

76

G.:

Aus der sozialdemokratischen Parteischule.

Ulk Nr. 41/1907.

Parteiführer August Bebel mit gekröntem Ballonhut inspiziert unter den Augen von Karl Marx und Ferdinand Lassalle die Arbeit des Parteischullehrers Karl Kautsky. Kontrolliert werden soll die Reaktion der Klasse auf das „Kaiserhoch", bei dessen Ausbringung im Reichstag die Fraktion der SPD entweder sitzen blieb oder den Saal verließ. Vom Parteilinken Kautsky war sicher keine gegenteilige Instruktion zu erwarten, so daß der Witz hauptsächlich auf dem Wortspiel mit „sitzen bleiben" beruht.

ULK No 41 — 11. Oktober 1907

Aus der sozialdemokratischen Parteischule.

Bebel: Also, Kautsky, jetzt werde ich einmal sehen, ob du deine Klasse gut gezogen hast. Ich werde ein Hoch auf den Kaiser ausbringen: wer sitzen bleibt, wird versetzt, und wer aufsteht, bleibt sitzen.

77

Hermann Scherenberg: Ungeschmeichelt.

Titel Ulk Nr. 48/1894.

Georg von Vollmar, seit seinen „Eldorado-Reden" von 1891 als entschiedener Reformist bekannt, und August Bebel, der Vertreter des marxistischen Erfurter Programms, malen sich gegenseitig in den Farben ihrer Zeitungs-„paletten". Bebel erscheint in Vollmars Bild als vom Affen des „Eigensinns" (Bildtext) besessen, während Vollmar von Bebel als kompromißbereiter „Diplomat" gemalt wird. Aktueller Anlaß für die Karikatur mag die Ablehnung aller Anträge zur „Budgetfrage" auf dem Frankfurter Parteitag im Oktober gewesen sein, womit das Verhalten der bayerischen Sozialdemokraten gerügt wurde, die im Juni 1894 unter Vollmars Führung erstmals dem bayerischen Budget zugestimmt hatten.

ULK

Illustrirtes Wochenblatt für Humor und Satire

Wieso und wann das Blatt erscheint.
Täglich wird viel Ulk gemacht,
Freitag's wird er Euch gebracht.

Familienverhältnisse des Ulk.
Scherenberg der illustrirt,
Siegmund Haber redigirt.

Nachdruck sämmtlicher Artikel verboten.

Entre nous.
Abonnent vom Tageblatt
Kriegt ihn gratis, als Rabatt.

Einzelverkauf.
Für fünfundzwanzig Pfennig eine Nummer,
Ob's nicht zu billig, das ist unser Kummer.

Nummer 48 — Berlin, 30. November 1894 — 23. Jahrgang.

Ungeschmeichelt.

Wie Vollmar und Bebel sich gegenseitig treffen.

78

E. Kuntze:
Des roten Gespenstes Schreck.

Ulk Nr. 37/1908.

Das aus der Frühzeit der Sozialismuskarikatur überlieferte „rote Gespenst“ mit Ballonhut und Keule erschrickt über die lila Farbtöne, die aus dem durch den Münchener Frauenkirchenturm angedeuteten Bayern kommen. Wie in Baden, Hessen und Württemberg hatte die bayerische SPD im August 1908 erneut dem Landeshaushalt zugestimmt, was zwar der offiziellen Haltung der Partei – dem roten Gespenst – zuwiderlief, die Landtagsfraktion aber handlungsfähig machte.

ULK No 37 – 11. September 1908

Des roten Gespenstes Schreck.

Nanu? Mir wird ja vom Süden her so lila zu Mute!

79

Karl Arnold:
Der grobe Ede.

Jugend Nr. 37/1909.

Eduard Bernstein, der Theoretiker des Revisionismus in der SPD, zersticht den zu einer „Luftblase“ (Unterzeile) mit der Aufschrift „Modell Utopia“ aufgeblähten Ballonhut eines Genossen.

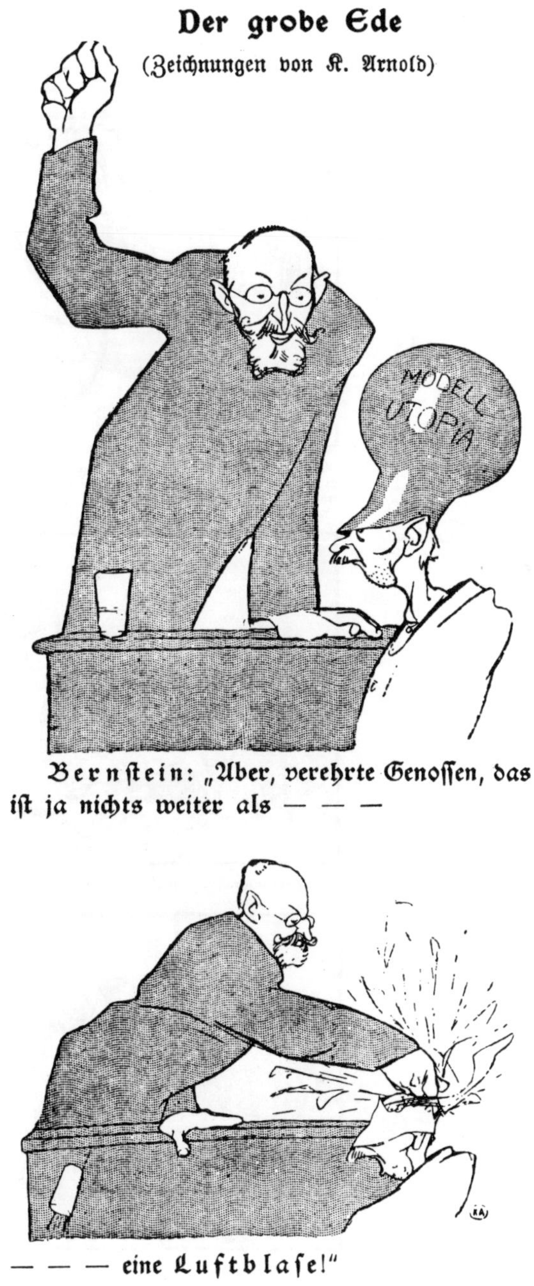

80

Hans Gabriel Jentzsch: Theorie und Praxis.

Der Wahre Jacob Nr. 630/1910.

In einer Folge von drei Bildern bekämpfen zunächst „Revisionisten“ wie Friedrich Ebert und Eduard Bernstein (links) und dann „Radikale“ wie Rosa Luxemburg, Karl Kautsky und Franz Mehring (rechts) vergeblich das Ungeheuer des „Kapitalismus“, das dann schließlich zusammen mit einer Schar von Arbeitern besiegt wird. Kurz vor dem Parteitag in Magdeburg im September veröffentlicht, beschwört die Bildfolge die Einheit der Partei.

Theorie und Praxis.

Die Revisionisten: Sachte, sachte! Erst schneiden wir ihm leise den Schwanz ab, dann holen wir ihm allmählich alle Eingeweide heraus, — ohne daß er etwas davon merkt!

Die Radikalen: Stoßen wir ihm mutig und mit vereinter Kraft unsere tötliche Lanze in den Rachen — dann ist er mit Naturnotwendigkeit sofort hin!

Die Revisionisten: Ach herrjeh! Er hat's doch gemerkt!

Die Radikalen: Ei verflucht, das Untier hält nicht still!

Die Arbeiter: So ein Biest muß man eben von allen Seiten zugleich packen! Das ist die allein richtige Methode.

Der Sozialdemokratie Kampf mit dem Drachen

Selbstdarstellungen

1890–1914

Der Sozialdemokratie Kampf mit dem Drachen

Seit sich zu Beginn des Jahres 1890 die Auflösung des Sozialistengesetzes ankündigte, konnte auch die sozialdemokratische Satirepresse mutiger vorgehen. Man hatte für die jetzt z.T. sogar noch heftiger angreifenden bürgerlichen Karikaturzeitschriften, die vom *Kladderadatsch* angeführt wurden, zwei Antworten parat. Zum einen das *Gegenbild*, das bestimmte Sachverhalte oder Ereignisse, z.B. Wahlergebnisse, aus parteifreundlicher Sicht kommentierte und damit ein Korrektiv zur bürgerlichen Presse darstellte. Solche Gegenbilder sind in die einzelnen Abschnitte dieses Buches eingearbeitet. Man entwickelte zum anderen aber auch bestimmte Formen der *Selbstdarstellung*, die als Identifikationsmöglichkeiten dienten und das Selbst- und Klassenbewußtsein stärken sollten, somit agitatorische Funktion hatten. Beispiele dieser Selbstdarstellung werden im folgenden zusammengefaßt.

Als Quellen kommen hauptsächlich zwei Zeitschriften in Betracht. Die eine ist der vom sozialistischen Kulturhistoriker und Schriftsteller Eduard Fuchs herausgegebe *Süddeutsche Postillon*. Er erschien seit 1882 und konnte die anfangs relativ niedrige Auflage bis auf 43000 im Jahre 1894 steigern. Nach dem Ausscheiden von Eduard Fuchs im Jahre 1909 fehlte dem Blatt die entsprechende künstlerische Leitung, und mit dem Aufkommen finanzieller Schwierigkeiten wurde sein Erscheinen 1910 eingestellt. Es hatte nicht mehr mit der Zeitschrift Schritt halten können, zu der es nie Konkurrenz, sondern immer Ergänzung gewesen war – dem *Wahren Jakob.* Diese Gemeinschaftsarbeit der sozialdemokratischen Reichstagsabgeordneten Wilhelm Blos und Johnn Heinrich Wilhelm Dietz war schon vor 1890 auf die 100000er-Marke geklettert, hatte um 1900 diese Auflage verdoppelt, um in den Jahren vor dem ersten Weltkrieg die unglaubliche, von keiner anderen deutschen Satirezeitschrift jemals erreichte Zahl von 380000 Abonnenten zu gewinnen.

Neben diesen beiden Periodika bieten gelegentlich noch die Maifestschriften karikaturistisches Material. Für alle Quellen jedoch gilt gleichermaßen, daß sie nicht nur Karikaturen enthielten, sondern auch „seriöse" Bilder boten. Ihre farbigen Drucke waren oft sehr aufwendig hergestellt und traten mit einem gewissen Kunstanspruch auf, der formal an den Jugendstil, inhaltlich an den Symbolismus anknüpfte, dessen Hauptwerke – vor allem die des Demokraten Ferdinand Hodler – auch parodistisch zitiert wurden (vgl. Abb. 90). Wenn also im folgenden eine Typologie der Selbstdarstellung versucht wird, muß man sich vor Augen halten, daß es neben den Karikaturen durchaus noch weitere Formen gab.

Diese sind aber deshalb leicht vorstellbar, weil die Selbstverzerrung in den Karikaturen zumeist vermieden wurde. Es ist der Gegner, der karikiert erscheint, während die Sozialdemokratie zumeist idealisiert wird. Am häufigsten wurde der Großindustrielle Ferdinand von Stumm mit sozialdemokratischem Spott bedacht, vergleichbar nur noch mit Hugo Stinnes in den 1920er Jahren (vgl. Abb. 135).

Die am häufigsten zu findende Allegorie der Sozialdemokratie ist die der Libertas, der Freiheit, die jedoch nicht in dem negativen Sinn weiter oben gezeigter Karikaturen auftritt (vgl. Abb. 19, 36), sondern in Gestalt einer erotischen Schönheit. Sie trägt oft die phrygische Mütze (Abb. 83), führt als bewaffnete, streibare Figur den

Kampf gegen die Reaktion an (Abb. 82), findet sich aber auch gefangen vom „Drachen der alten Zeit", aus dessen Klauen nun wiederum sie von einem sozialdemokratischen Helden befreit werden muß (Abb. 81).

Dieser hat seinen Auftritt gelegentlich als antikischer Heros (Abb. 81), kommt aber häufiger als Idealbild eines Proletariers mit Arbeitskleidung und Werkzeug vor (Abb. 83). Symbol des idealen Sozialdemokraten konnte auch ein Bauer sein, der dann eben das Landproletariat vom „Junkerthum" befreite (Abb. 84).

„Pathos"formeln im wörtlichen Sinn sind die Bilder, die das „Leiden" des Proletariats zeigen und damit indirekt zum Handeln aufrufen (Abb. 85). Der Kampf gegen die Unterdrückung wird in verschiedenen Bildtypen veranschaulicht: so wird z.B. die Schlange des Kapitalismus von einem männlichen Akt in dramatischer Positur gewürgt (Abb. 87), aber auch, weitaus belustigender, der Feind im Schlaf gestört (Abb. 88) oder gar umgebracht (Abb. 90). Die Darstellung eines solchen symbolischen Mordes hätte man vermutlich nicht wagen können, wäre der Attentäter nicht in einer Mischung von Selbstironie und Spott auf die Mittel des Gegners ausgerechnet als das „rote Gespenst" erschienen, dessen Herkunft weiter oben beschrieben wurde (vgl. S. 10f.). Es mehrfach als Popanz zu zitieren bedeutete natürlich die Verunglimpfung der alten Ängste, die man damit zugleich zu provozieren hoffte (Abb. 89).

Daß ausgerechnet im Spottbild ein Sozialdemokrat auch „anständig" gekleidet sein konnte, beweist, daß das Selbstverständnis sehr komplex und trotz zu beobachtender Wiederholungen nicht auf wenige Typen festlegbar war (Abb. 92). Die Flexibilität ging soweit, daß man sich selbst als ein Heer von roten Mäusen (Abb. 93), als Windmühle im Kampf gegen einen konservativen Don Quichotte (Abb. 94) oder als aus dem Boden sprießende Pilze darstellte (Abb. 72). Darüber hinaus übernahm man sogar zitatweise die vom *Kladderadatsch* als Symbol eingeführte Ballonmütze, die dann aber nicht den Umstürzler, sondern den „Riesen Proletariat" bezeichnete (Abb. 91). Nichts jedoch dokumentierte die Solidarität und das Selbstvertrauen auf die eigene Kraft so sehr wie die Maifeiern, die man gemeinsam mit den Gewerkschaften in Maizeitungen propagierte (Abb. 95), auch wenn deren Durchführung noch bis weit in unser Jahrhundert hinein mit Aussperrungen quittiert wurde.

81

Anonym:
Der Sozialdemokratie Kampf mit dem Drachen.

Der Wahre Jakob Nr. 172/1893.

Die Sozialdemokratie kämpft in der Gestalt eines antiken Helden gegen eine Hydra aus Dummheit, Pfaffen- und Junkertum, die die barbusige Allegorie der Freiheit gefangenhält.

Nr. 173 des „Wahren Jacob" gelangt am 11. März 1893 zur Ausgabe.

Der Sozialdemokratie Kampf mit dem Drachen.

Die Freiheit, sie schmachtet in Ketten —
Der Drache der alten Zeit
Bewacht sie, Verderben er speit;
Wer könnte die Aermste erretten?

Doch siehe! mit ehernem Gange
Ein tapferer Recke sich naht,
Bereit zur erlösenden That
Im feurigen Jugenddrange!

Der Drache, er wird ihm erliegen,
Ist schwer auch das Ringen und heiß,
Die Freiheit, sie winkt ihm als Preis,
Die Waffen der Wahrheit, sie siegen!

Verantwortlich für die Redaktion: Georg Baßler in Stuttgart. — Druck und Verlag: J. H. W. Dietz in Stuttgart.

82

Anonym:
Szene aus dem geistigen Kampf gegen die Sozialdemokratie.

Der Wahre Jakob Nr. 110/1890.

In einem von feurigen Rössern gezogenen Kampfwagen rast die mit Parolen gewappnete Libertas durch die Straße der Presseverlage, deren Vertreter Drohungen ausstoßen und Schmutz werfen, aber nicht treffen.

Nr. 111 des „Wahren Jacob" gelangt am 25. Oktober 1890 zur Ausgabe.

880

Szene
aus dem geistigen Kampf gegen die Sozialdemokratie.

Redaktion: Georg Baßler; Druck und Verlag: J. H. W. Dietz; beide in Stuttgart.

83

Anonym:
Aus der Berliner Puppenallee.

Titel
Der Wahre Jakob Nr. 308/1898.

Ein heroischer Arbeiter überreicht der in der Berliner Siegesallee als Monument aufgestellten Libertas einen Siegerkranz als Vorschußlorbeeren für die „Neuwahlen zum Reichstag" (Aufschrift). Unten links schrecken die Vertreter des Staatsministeriums zurück. Die Siegesallee wurde unter Wilhelm II. in Wirklichkeit mit historistischen Statuen im „Zuckerbäckerstil" ausgestaltet und deshalb vom Volksmund „Puppenallee" genannt.

Nr. 308 Stuttgart, den 10. Mai. 1898.

DER WAHRE JACOB

Abonnementspreis:	Erscheint alle vierzehn Tage.	Verantwortlich für die Redaktion:
Pro Jahr . . . . M. 2.60 Pro Quartal . . . . –.65 Preis pro Nummer . . . . . –.10	Abonnementsbestellungen nehmen alle Postämter entgegen (eingetragen im Postzeitungs-Katalog unter Nr. 7597). Ferner zu beziehen durch alle Buchhandlungen und Kolporteure; in Berlin auch durch jeden Zeitungsspediteur und Zeitungsverkäufer.	Georg Baßler in Stuttgart. Verlag und Druck von J. H. W. Dietz Nachf. (G. m. b. H.) in Stuttgart, Furthbachstr. 12.

Aus der Berliner Puppenallee.

Der Schreck des Staatsministeriums bei der Enthüllung des neuesten Monumentes in der Siegesallee in Berlin.

84

Anonym:

Die letzte Kuh.

Titel
Süddeutscher Postillon Nr. 15/1893.

Ein sozialdemokratischer Bauer befreit die zungenstreckende Kuh „Land-Proletariat“ von einem Vertreter des „Junkerthums“, der aus ihr die „Milch der frommen Denkungsart“ gemolken hat.

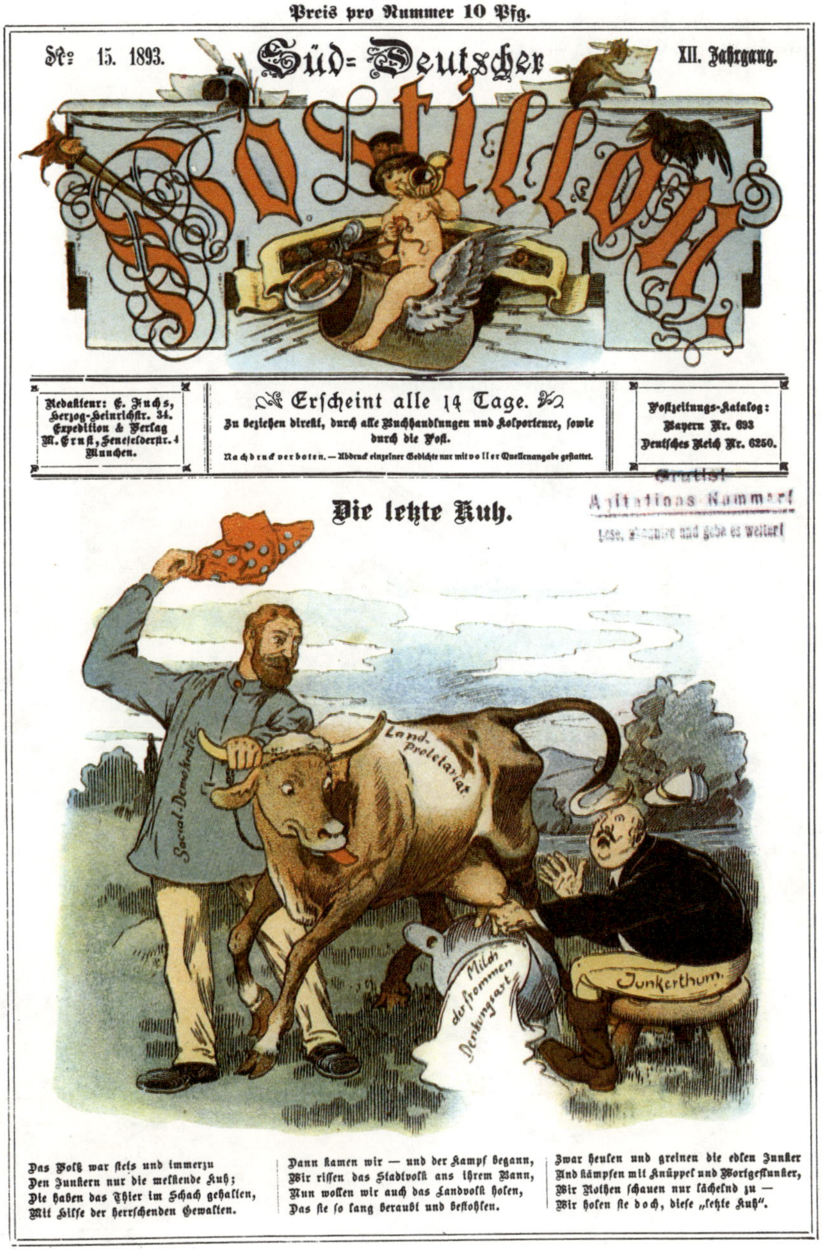

Preis pro Nummer 10 Pfg.

No 15. 1893. Süd-Deutscher Postillon. XII. Jahrgang.

Redakteur: E. Fuchs, Herzog-Heinrichstr. 34. Expedition & Verlag M. Ernst, Senefelderstr. 4 München.

Erscheint alle 14 Tage.
Zu beziehen direkt, durch alle Buchhandlungen und Kolporteure, sowie durch die Post.
Nachdruck verboten. — Abdruck einzelner Gedichte nur mit voller Quellenangabe gestattet.

Postzeitungs-Katalog: Bayern Nr. 693 Deutsches Reich Nr. 6250.

Gratis! Agitations-Nummer! Lese, [illegible] und gebe es weiter!

Die letzte Kuh.

Land-Proletariat
Social-Demokratie
Milch der frommen Denkungsart
Junkerthum

Das Volk war stets und immerzu
Den Junkern nur die melkende Kuh;
Die haben das Thier im Schach gehalten,
Mit Hilfe der herrschenden Gewalten.

Dann kamen wir — und der Kampf begann,
Wir rissen das Stadtvolk aus ihrem Bann,
Nun wollen wir auch das Landvolk holen,
Das sie so lang beraubt und bestohlen.

Zwar heulen und greinen die edlen Junker
Und kämpfen mit Knüppel und Wortgeflunker,
Wir Rothen schauen nur lächelnd zu —
Wir holen sie doch, diese „letzte Kuh“.

85

Anonym:
Der gefesselte Prometheus.

Der Wahre Jacob Nr. 136/1891.

Ein athletischer Held mit dem Schriftzug „Proletariat" auf dem Gürtel ist wie in der Mythologie Prometheus an einen Felsen geschmiedet, wo ihm im Gegensatz zur Vorlage nicht ein Adler, sondern der Geier des „Kapitalismus" die Leber aushackt. Ein kleiner Bürokrat heftet ihm ein „Pflaster" mit der Medizin der „Sozial-Reform" auf die Wunde, deckt sie damit aber längst nicht ab. Die Zeichnung entstand vermutlich in Anlehnung an die berühmte nebenstehende Vorlage.

86

Anonym:
Der gefesselte Prometheus.

Lithographie aus dem Zyklus „Lieder eines Malers", 1843.

Karl Marx ist als Prometheus, der der Menschheit das Feuer gebracht hat, an eine Druckerpresse gekettet. Der Adler der Mythologie, hier ein preußischer Wappenvogel, hackt ihm die Leber aus. Auf einem Thron in den Wolken schwebt der bildlich bei seinem Namen genommene preußische Kultusminister Eichhorn, der die von Marx redigierte *Rheinische Zeitung* verboten und damit den Anlaß für die Karikatur geliefert hatte.

87

A. F.:

Ich bin ein Proletar!

Titel
Süddeutscher Postillon Nr. 6/1902.

Ein Arbeitertyp in theatralischer Positur würgt mit bloßen Händen die Schlange des Kapitalismus.

Ich bin ein Proletar!

88

F. Graetz:
Das Alpdrücken
beim Unternehmerthum.

Titel Der Wahre Jacob,
2. Februar 1897.

Ein Sozialdemokrat und ein Gewerkschafter stampfen auf dem Bett des Großindustriellen von Stumm und seiner Frau, der „Hamburger Rheederei", mit dem Pflasterhammer des „Hamburger Hafenarbeiter Strike" (Aufschrift), bei dem im Winter 1896/97 18 000 Arbeiter beteiligt waren.

Nr. 275. Stuttgart, den 2. Februar. 1897.

DER WAHRE JACOB

Abonnementspreis: Pro Jahr . . . . M. 2.60 Pro Quartal . . . . . . „ –.65 Preis pro Nummer . . . . „ –.10

Erscheint alle vierzehn Tage.
Abonnementsbestellungen nehmen alle Postämter entgegen (eingetragen im Postzeitungs-Katalog unter Nr. 7458). Ferner zu beziehen durch alle Buchhandlungen und Kolporteure; in Berlin auch durch jeden Zeitungsspediteur und Zeitungsverkäufer.

Verantwortlich für die Redaktion: Georg Baßler in Stuttgart.
Verlag und Druck von J. H. W. Dietz in Stuttgart, Furthbachstraße 12.

Das Alpdrücken beim Unternehmerthum.

Ein böses Gewissen ist kein gutes Ruhekissen.

89

Anonym:
Etwas zum Gruseln.

Titel
Der Wahre Jacob Nr. 423/1902.

In einem Zug von Staatsbeamten und Militärs, der von Reichskanzler Bernhard Fürst von Bülow angeführt wird, trägt Innenminister Adolf Graf von Posadowsky das traditionelle rote Gespenst der Sozialdemokratie mit Dolch und Petroleum in den Händen, das sich jedoch als Popanz erweist (vgl. Abb. 4). *Der Wahre Jacob* zitiert damit ironisch die Feindbilder des Gegners während des Vorwahlkampfes für den Reichstag im Jahre 1903.

Nr. 423 21 Stuttgart den 7. Oktober 1902

DER WAHRE JACOB

Abonnementspreis pro Jahr 2.60 Mk. Anzeigen pro 4gespaltene Nonpareille-Zeile 1.20 Mk. | Erscheint alle vierzehn Tage. Postzeitungs-Katalog Nr. 7895. Verantwortlich für die Redaktion: B. Heymann in Stuttgart. | Verlag und Druck von J. H. W. Dietz Nachf. in Stuttgart. Furthbachstraße 12.

Etwas zum Gruseln! „Auch diesmal hoffen wir unter diesem Zeichen zu siegen!“

90

Hans Gabriel Jentzsch:
Ein böser Traum.

Der Wahre Jacob Nr. 336/1899.

In Anlehnung an ein Gemälde des Symbolisten Ferdinand Hodler, das einige Jahre zuvor Aufsehen erregt hatte, wird „Ein böser Traum" mit einem Mord geschildert. Während in den Ecken die Vertreter des Zentrums (Franz Hitze, links) und der Liberalen (R. Roesicke, rechts) ruhig schlafen bzw. die Allegorie der „Sozial-Reform" (Bildtext) umarmen, wird der Großindustrielle Ferdinand von Stumm vom roten Gespenst der Sozialdemokratie mit dem Dolch bedroht. Im Hintergrund ruht der nichtsahnende Innenminister Adolf Graf von Posadowsky. Die Karikatur persifliert die Feindbilder des Gegners.

Ein böser Traum.

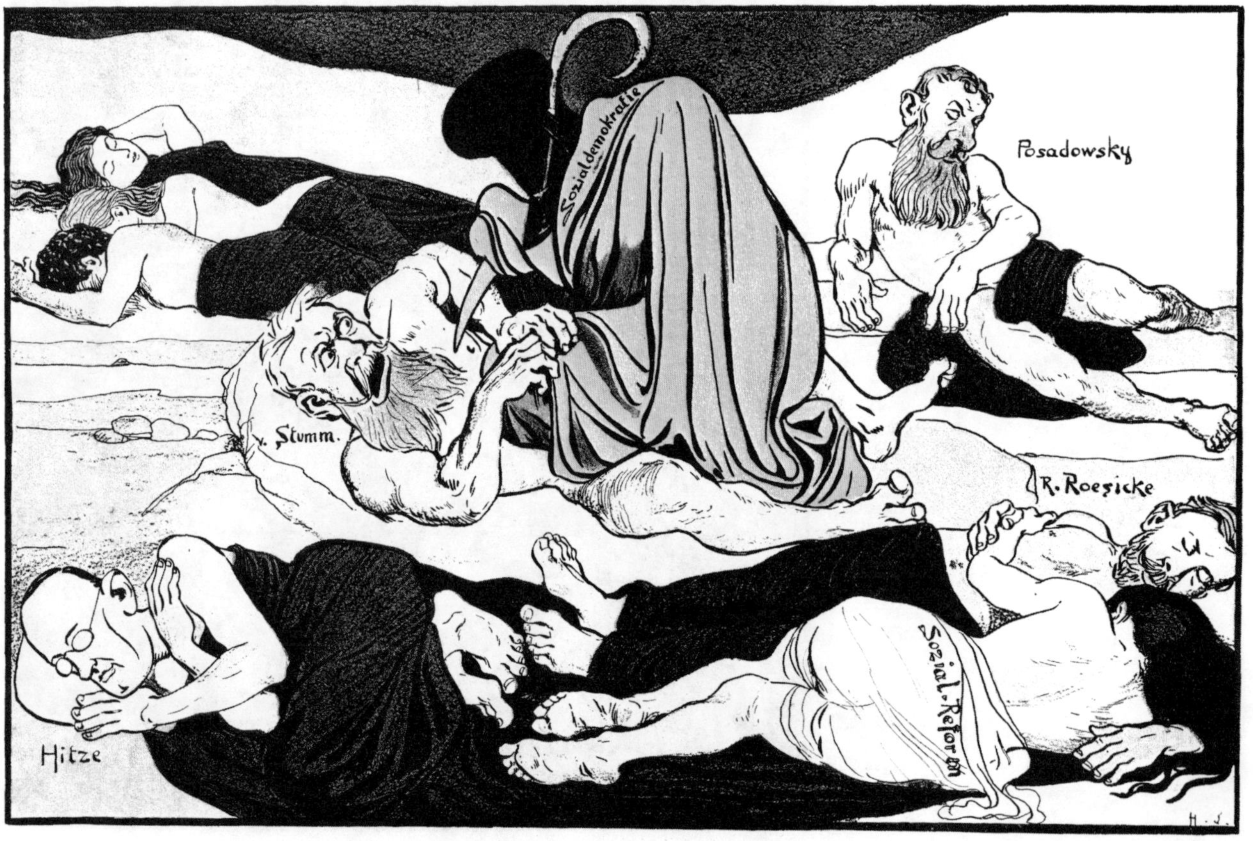

Bilder aus der Sozialpolitik. (Nach Ferd. Hodler, Die Nacht.)

91

Rudolf Wolf:
Unternehmersorgen.

Der Wahre Jacob Nr. 649/1911.

Der Riese Proletariat schaut überlegen lächelnd auf einen kleinen Unternehmer herab, der eine Leiter angelegt hat, um dem „Lümmel" noch „in die Tasche greifen" zu können.

92

LSt.:
Ohne Titel.

Süddeutscher Postillon Nr. 18/1899.

Zwei Herren im Gespräch über einen im Hintergrund laufenden Sozialdemokraten, dessen Äußeres ihnen im Vergleich zur Einstellung zu „anständig" vorkommt. Ein Profilvergleich unterstreicht dies noch.

Unternehmersorgen. Rud. Wolf

„Wenn der Lümmel so weiterwächst, werde ich ihm bald gar nicht mehr in die Tasche greifen können!"

Was! Der Mensch ist Sozialdemokrat und sieht doch so anständig aus! ?

93

Anonym:
Die roten Mäuse.

Titel
Der Wahre Jacob Nr. 535/1907.

Ein tobender Gendarm, der nicht mehr weiß, wo ihm der Kopf steht, gestikuliert wild mit Säbel und Pistole, weil er von einer Flut roter Mäuse verfolgt wird, die die Stimmen der Reichstagswahlen drei Tage später, am 25. Januar, darstellen sollen.

Nr. 535 | Stuttgart den 22. Januar | 1907

DER WAHRE JACOB

Abonnementspreis pro Jahr Mk. 2.60 | Erscheint alle vierzehn Tage. | Verantwortlich für die Redaktion: B. Heymann in Stuttgart.
Anzeigen pro 4gespaltene Nonpareille-Zeile Mk. 1.50 | Preis bei Postbezug vierteljährlich 65 Pfg. ohne Bestellgeld. | Verlag und Druck von Paul Singer in Stuttgart.

Die roten Mäuse. Schreckliche Phantasie eines preußischen Schutzmanns während der Reichstagswahlbewegung.

94

Anonym:
Wahlbilder II.

Der Wahre Jacob Nr. 436/1903.

Vertreter der verschiedenen Parteien, die das „Ordnungskartell in Sachsen" (Unterzeile) bilden, rennen wie Don Quichotte vergebens gegen die Windmühle der Sozialdemokratie an.

Wahlbilder II.

Das Ordnungskartell in Sachsen: Ei Herrcheses, jetzt wolln mer doch ämal sehn, wer hier Herr im Hause is!

95

Anonym:
Die Lösung einer schlecht ventilierten Frage.

Rückdeckel einer Zeitschrift zur Mai-Feier 1895 (Wiederabdruck: Udo Achten, Zum Lichte empor, Berlin/Bonn 1980).

Ein Kessel, auf dessen Deckel der Großindustielle Ferdinand von Stumm hockt, um die Ventil„köpfe" aus verschiedenen Politikern zu schließen, platzt unter dem Druck der unzähligen Sozialdemokraten darin. Als „Köpfe" sind unten erkennbar (von links): Adolf Gröber (Zentrum), Wilhelm von Kardorff (Deutsche Reichspartei), Adolf Stöcker (Deutsch-Konservative Partei) und Eugen Richter (Freisinn). Aus dem explodierenden Kessel steigen August Bebel mit der Mai-Fahne und Wilhelm Liebknecht mit einer Schreibfeder (für die Chefredaktion des *Vorwärts*). Erkennbar sind weiter Ignaz Auer, Julius Vahlteich und Karl Grillenberger.

Der papierene Protest

Die Militarismusfrage vor

und im Weltkrieg

1914–1918

Der papierene Protest

Die Einstellung der Sozialdemokratie zum Militarismus änderte sich mit dem Ausbruch des Weltkrieges im August 1914, so daß zwei generell voneinander verschiedene Gruppen von Karikaturen zu diesem Thema existieren. Die vor Kriegsbeginn entstandenen Bilder widmen sich durchweg der antimilitaristischen Haltung der Genossen, je nach politischem Standort der herausgebenden Zeitschrift bejahend oder ablehnend. In einer der glorifizierenden Selbstdarstellungen des *Wahren Jacob* z. B. taucht der Militarismus als furchterregender Zyklop auf, der von beherzten Parteiangehörigen bekämpft und besiegt wird (Abb. 96). Aus der parteifeindlichen Perspektive dagegen, etwa der *Jugend* oder des *Kladderadatsch,* werden der Antimilitarismus und Pazifismus von Sozialdemokraten ins Lächerliche gezogen. Die in mehreren Reichstagsreden von Parteiführer August Bebel bekundete Bereitschaft zur Vaterlandsverteidigung wird angezweifelt (Abb. 97), und die sozialdemokratischen Bemühungen zur Kriegsvermeidung werden als „papierener Protest“ (Abb. 98) abgetan, und zwar auffallend häufig während der die Kriegsgefahr besonders deutlich heraufbeschwörenden zweiten Marokkokrise von 1911.

Das Verhalten der SPD nach Ausbruch des Krieges rechtfertigte den Vorwurf des „papierenen Protests“ noch nachträglich. Denn die Reichstagsfraktion bewilligte die Kriegskredite am 4. August 1914 einstimmig, was von der Karikatur natürlich nicht unbemerkt blieb, allerdings auch nicht kritisiert wurde (Abb. 99). Ebenso gab es während des „Burgfriedens“ der folgenden Jahre für die Bildsatire keinen Grund mehr, die Partei anzugreifen. Die Karikatur der Sozialdemokratie erlebte damit eine Zäsur, die erst mit der Gründung der Weimarer Republik wieder beendet sein sollte.

Angeprangert wurden nun nicht mehr die Sozialdemokratie schlechthin, sondern Einzelne und Gruppierungen, die von der Meinung der Parteimehrheit abwichen. Allen voran Karl Liebknecht, der schon als Kriegsgegner verzerrt wurde, bevor er am 2. Dezember 1914 als erster und einziger den Fraktionszwang durchbrach und gegen neue Kriegskredite stimmte (Abb. 100). Der radikale Rechtsanwalt, aufgrund seiner Kompromißlosigkeit auch in der Vorkriegskarikatur des öfteren vertreten, wurde in den Kriegsjahren von allen Karikaturzeitschriften ohne Ausnahme verhöhnt und verfolgt. Selbst der einst linksliberale *Simplicissimus* stellte Liebknecht als Vaterlandsverräter hin (Abb. 102). Die meisten Liebknecht-Karikaturen brachte der – wie jetzt alle Satirezeitschriften – stramm national eingestellte *Ulk*, der seine Auflage im Krieg sogar noch auf 316000 steigern konnte. Bei ihm erschien Liebknecht, der im Januar 1916 mit Rosa Luxemburg die *Gruppe Internationale* gegründet und mit der Herausgabe der „Spartakusbriefe“ begonnen hatte, im April 1916 als „Kain“, als Brudermörder (Abb. 103). Die Karikatur der Sozialdemokratie während des Krieges ist solange mit der Liebknechts gleichzusetzen, bis dieser im Mai 1916 eine Zuchthausstrafe antrat, die bis Oktober 1918 dauerte.

Im März 1916 hatten aber auch schon weitere Reichstagsabgeordnete der SPD die Bewilligung neuer Kredite verweigert und zogen damit kurz später den Spott auf sich, angeführt vom Parteivorsitzenden Hugo Haase, der noch anläßlich der Kredite im Jahre 1914 erklärt hatte: „Wir lassen in der Stunde der Gefahr das eigene Vaterland nicht im Stich". Als er nun seinen Parteivorsitz aus Protest niederlegte, ließ ihn der *Kladderadatsch* als weißen Hasen aus einem Ballonhut mit Kokarde springen, der längst nicht mehr, wie im 19. Jahrhundert, eine revolutionäre Partei, sondern nur noch die „Mehrheitssozialdemokratie" repräsentierte und deshalb auch mit einem dicken Schal versehen wurde, als ob eine Erkältung zu bekämpfen sei (Abb. 104). Als die Partei im Frühjahr 1916 insgesamt 20 Dissidenten die Fraktionszugehörigkeit absprach, bildete sich unter Haases Führung die *Sozialdemokratische Arbeitsgemeinschaft (SAG)* als eigene Fraktion. Thomas Theodor Heine vom *Simplicissimus* gruppierte einige SAGler, deren Physiognomien er den parteioffiziellen Reichstagswahlfotos von 1912 entlehnte, sinnfällig um eine Büste von Karl Marx (Abb. 105). In der Bildunterschrift klingt bereits die Dolchstoßlegende an, die damit schon vor Kriegsende in Karikaturen visualisiert wurde (vgl. Abb. 107, 139, 140).

Das Hauptinteresse der Zeichner galt ab nun der organisatorischen Spaltung der Partei. *Der Wahre Jacob*, der als sozialdemokratische Satirezeitschrift während des Krieges an Auflagenstärke einbüßte, beklagte den „Bruderzwist", indem er kurz vor der Gründung der USPD im April 1917 noch einmal die führenden Männer von SAG und SPD als unversöhnbare Kontrahenten gegenüberstellte (Abb. 106). Seine Sympathien galten dabei den Mehrheitssozialisten, die sich der aggressiven Angriffe der Opposition erwehren mußten.

Gegen Ende des Krieges versuchten einige Zeichner, die Sozialdemokratie für die Streikwellen verantwortlich zu machen, die mit dem Ruf nach „Frieden, Freiheit und Brot" das Land erschütterten. Eines der polemischsten Bilder zeichnete Thomas Theodor Heine für eine Titelseite des *Simplicissimus*. Der Friedensengel bekommt darin hinterrücks die Ballonmütze eines Arbeiters übergestülpt (Abb. 107). Hier treffen sich die Mittel der Jakobinerkarikatur (vgl. Abb. 1) mit dem – immer häufiger artikulierten – Vorwurf des „Dolchstoßes von hinten", der vor allem nach Kriegsende der in die Regierungsverantwortung gegangenen Partei die Arbeit erschweren sollte.

96

Hans Gabriel Jentzsch:
Die Blendung Polyphems.

Der Wahre Jacob Nr. 329/1899.

In Anlehnung an eine der Taten des antiken Helden blendet „Odysseus Bebel“ im Kreise seiner Mannen Ignaz Auer, Wilhelm Liebknecht und Georg von Vollmar den Zyklopen des „Militarismus“ durch einen glühenden Pfahl mit der Aufschrift „Volksmiliz“ und rettet so seine Gefährten vor dem Untergang.

Die Blendung Polyphems.

97

Anonym:

Der patriotische Bebel.

Jugend Nr. 40/1907.

August Bebel mit geschultertem Gewehr vor zwei erstaunten Genossen. Der Parteiführer hatte erstmals 1904 im Reichstag erklärt, er wolle im Falle eines russischen Angriffs selbst „die Flinte auf die Schulter" nehmen, um den Vorwurf der Vaterlandslosigkeit von der SPD zu wenden. Als er diese Absicht auf dem Parteitag von 1907 wiederholte, stellte ihn die *Jugend* als unglaubwürdig hin.

Der patriotische Bebel

„Wat, Aujust? Du nimmst det Jewehr uff'n Buckel und willst det Vaterland verteidigen?" —

„Pssst! Es ist ja nicht geladen!"

98

Ludwig Stutz:
Der papierene Protest.

1. Beiblatt zum Kladderadatsch Nr. 36/1911.

Paul Singer und Eduard Bernstein halten das Parteiorgan *Vorwärts* vor die Mündung einer Kanone mit der früher üblichen Aufschrift „Ultima ratio regis – (Krieg als) letztes Mittel des Königs". Die Karikatur fiel in die Zeit der Massenkundgebungen gegen die durch die Marokkokrise entstandene Kriegsgefahr. Am Tag der Publikation des Bildes demonstrierten in Berlin 200000 Menschen unter der Losung „Gegen die Kriegshetze! Für den Völkerfrieden!". Offensichtlich versuchte der *Kladderadatsch* dieser Demonstration entgegenzutreten.

Nr. 36
Erstes Beiblatt

Kladderadatsch

Berlin,
den 3. September 1911

Der papierene Protest

„Genossen, ohne unseren Willen fällt auf deutscher Seite kein Schuß!"

99

Josef Damberger: Kriegsgespräch.

Jugend 1914/II, S. 1160.

Bayerische Landbevölkerung im Gespräch über die veränderte Einstellung zur SPD, seit diese in der Reichstagssitzung vom 4. August 1914 die Kriegskredite bewilligt hat.

Kriegsgespräch

„Huat ab vor dö Sozis, Jackl! Jetzt kunnt' sogar inser Herr Pfarrer an Roten wähl'n!'

100

A. Kraska:
Der vergebliche Schreihals.

Ulk Nr. 45/1914 (6. November).

Auf ihrem Beobachtungsstand des Kriegsgeschehens werden die Stützen des wilhelminischen Deutschland, ein Junker, ein Bürgerlich-Liberaler und, seit der Kriegskreditbewilligung, auch ein Sozialdemokrat, von einem schreienden Karl Liebknecht gestört, der in einem Matrosenanzug für Kinder steckt. Der zu Disziplinarmaßnahmen ausholende „Sozi" wird mit dem Hinweis beruhigt, Liebknecht käme gegen den „Schlachtendonner" nicht an. Durch die Tatsache der Veröffentlichung widerspricht sich die Karikatur selbst und beweist vielmehr, daß Liebknechts Protest schon vor der spektakulären Verweigerung seiner Stimme für die zweiten Kriegskredite am 2. Dezember 1914 publik wurde und sich in den Reihen der SPD eine Opposition formierte.

Der vergebliche Schreihals.

„Laß ihn nur brüllen — es hört ihn ja keiner im Schlachtendonner!"

101

Gustav Brandt:
Die beiden Exzentrik-Clowns.

Titel Kladderadatsch Nr. 14/1915.

Die zwergenhaft dargestellten sozialdemokratischen Reichstagsabgeordneten Karl Liebknecht und Georg Ledebour versuchen den Korken einer überdimensionalen Sektflasche mit der Aufschrift „Deutscher Milliardensekt" – eine Anspielung auf die Kriegskredite – zuzuhalten, werden von ihm jedoch fortgeschleudert. Liebknecht war am 2. Dezember 1914 als erster aus der Fraktionsdisziplin ausgebrochen und hatte im Reichstag offen gegen die zweite Kriegskreditvorlage gestimmt. Bei der nächsten Bewilligungssitzung am 20. März 1915 schloß sich ihm Otto Rühle an, während 30 andere Abgeordnete, darunter Georg Ledebour, den Sitzungssaal vor der Abstimmung verließen. Der Zeichner Brandt stellt ihren Protest als zwecklos und lächerlich hin.

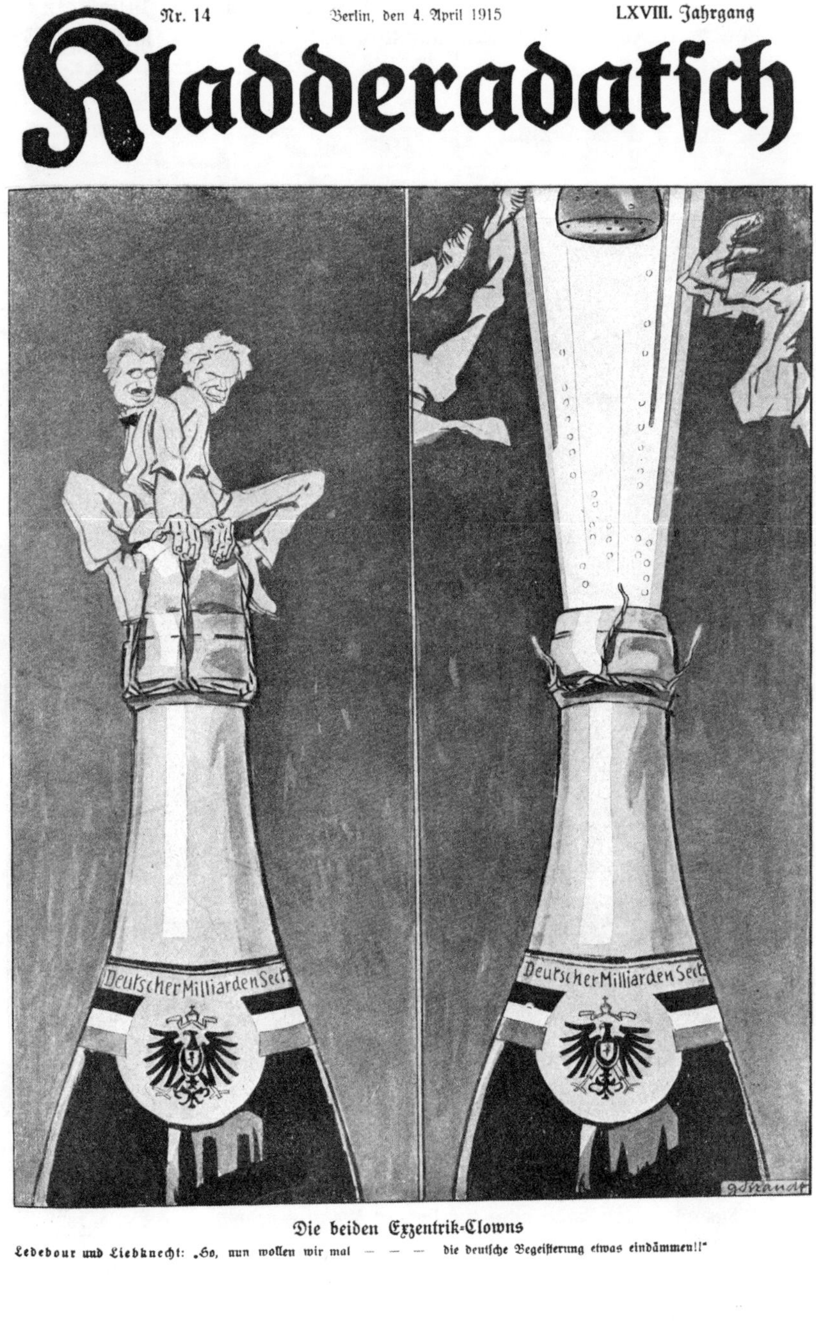

102

Wilhelm Schulz: Der tapfere Liebknecht.

Simplicissimus 20 Jg. Nr. 15 (13. Juli 1915).

Karl Liebknecht beruhigt den russischen Heerführer Nikolai Nikolajewitsch mit dem Hinweis auf seine Immunität als Reichs- und Landtagsabgeordneter, die es ihm trotz Einziehung zum Militärdienst erlaubte, weiterhin seine Stimme gegen neue Kriegskredite zu erheben, da er zu den Sitzungen freigegeben werden mußte. Die Gegenüberstellung mit dem Russen soll Liebknecht als Vaterlandsverräter hinstellen.

103

August Hajduk: Unverlöschbar!

Ulk Nr. 16/1916 (21. April).

Karl Liebknecht wird wegen seiner Ablehnungen der Kriegskredite als „Kain", d. h. als Brudermörder abgestempelt. Seit Januar 1915 aus der SPD-Reichstagsfraktion ausgeschlossen, hatte er mit Rosa Luxemburg und der *Gruppe Internationale* im Januar 1916 mit der Herausgabe der „Spartakusbriefe" begonnen. Im Mai 1916, kurz nach Erscheinen der Karikatur, mußte Liebknecht ins Zuchthaus, wo er bis Oktober 1918 blieb.

Der tapfere Liebknecht

(Zeichnung von Wilhelm Schulz)

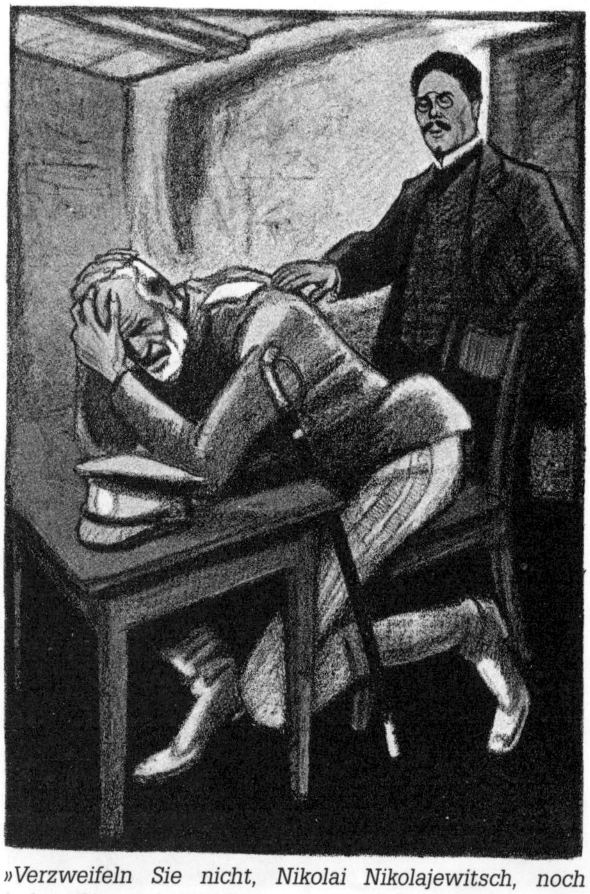

»Verzweifeln Sie nicht, Nikolai Nikolajewitsch, noch haben Sie mich! Ich habe eine furchtbare Waffe gegen Deutschland – meine Immunität.«

Unverlöschbar!

Kain Liebknecht soll sein Name sein!

104

Willibald Krain:
Glückliche Entlausung!

Titel Kladderadatsch Nr. 15/1916 (9. April).

Der bildlich genommene SPD-Vorsitzende Hugo Haase entspringt einer Ballonmütze mit Kokarde, dem Sinnbild der Partei. Haase hatte sein Amt als Vorsitzender am 25. März 1916 niedergelegt, nachdem die Parteimehrheit wieder einem neuen Kriegskredit zugestimmt hatte. Aus dieser Situation heraus sollte sich die *Sozialdemokratische Arbeitsgemeinschaft* entwickeln.

105

Thomas Theodor Heine: Haase und Genossen.

Simplicissimus 21. Jg. Nr. 2 (11. April 1916).

Hugo Haase, bis März 1916 Partei- und Fraktionsvorsitzender, versammelt um sich und eine Marx-Büste einige Genossen, die in ihrer Einstellung zur Kriegskreditfrage mit der Parteimehrheit gebrochen haben. Sie gründeten am 24. März zur Wahrung ihrer Fraktionsrechte die *Sozialdemokratische Arbeitsgemeinschaft (SAG).* Heines Zeichnung, die den Beginn der organisatorischen Spaltung der SPD markiert, stellt die Abtrünnigen unzutreffend als radikale Marxisten hin, beschreibt sie als falsche Vertreter der Wähler „im Felde“ (Unterzeile) und bereitet so die „Dolchstoßlegende“ vor. Von links nach rechts sind abgebildet: Alfred Henke (vorn), Georg Ledebour, Emanuel Wurm, Fritz Kunert, Hugo Haase, Otto Rühle (?), Karl Liebknecht, Theodor Schwartz (sitzend), Arthur Stadthagen und Fritz Geyer.

Haase und Genossen

(Zeichnung von Th. Th. Heine)

„Vorwärts, Genossen, laßt uns die Interessen unserer Wähler vertreten, solange sie noch im Felde stehn! Wenn sie erst wieder daheim sind, werden sie sich's vielleicht nicht mehr gefallen lassen.“

106

Anonym:
Der Bruderzwist
oder
Krieg im Kriege.

2. Beilage
des Wahren Jacob Nr. 798/1917
(16. Februar).

Als Kämpfer in klassischer Heldenpose, den Ballonhut mit einem antiken Helm kombiniert, stehen die Mehrheitssozialisten Friedrich Ebert, Hermann Molkenbuhr und Philipp Scheidemann dem Vorstand der SAG, Wilhelm Dittmann, Georg Ledebour und Hugo Haase, gegenüber. Die Opposition hatte in einer Reichskonferenz vom 7. Januar 1917 die Politik des Parteivorstandes kritisiert, woraufhin die zur SAG gehörenden Reichstagsabgeordneten aus der Partei ausgeschlossen worden waren, was kurz später, im April 1917, zur Gründung der USPD führen sollte. *Der Wahre Jacob* stellt sich auf die Seite der Mehrheitssozialisten, indem er die Oppositionellen als Aggressoren zeigt.

Zweite Beilage des Wahren Jacob Nr. 798

Der Bruderzwist oder Krieg im Kriege.

Ev. Matthäi 7, 4: Halt, ich will dir den Splitter aus deinem Auge ziehen! Und siehe da, ein Balken ist in deinem Auge!

107

Thomas Theodor Heine: Streik und Friede.

Titel Simplicissimus 22. Jg. Nr. 47 (19. Februar 1918).

Ein Arbeiter stülpt der Allegorie des Friedens seine Ballonmütze, das Symbol der SPD, über und nimmt ihr damit in einer Welt voll Flammen die Orientierung. Die Karikatur spielt auf die bis dahin größte Streikwelle während des Krieges an, bei der im Januar 1918 Hunderttausende u. a. in Berlin, Hamburg, Kiel, Bremen, Danzig, Leipzig und München mit dem Ruf nach „Frieden, Freiheit und Brot“ ihre Kriegsmüdigkeit kundtaten. Heine stellt den Streik als ungeeignetes Mittel der Friedensbemühung hin. In der hinterrücks ausgeführten Handlung schwingt die Vorstellung des „Dolchstoßes“ mit, die bereits vor Kriegsende aufkam.

A. g. XIII.

München, 19. Februar 1918 Preis 50 Pfg. 22. Jahrgang Nr. 47

SIMPLICISSIMUS

Bezugspreis vierteljährlich 6 Mark
Alle Rechte vorbehalten

Begründet von Albert Langen und Th. Th. Heine

Bezugspreis vierteljährlich 6 Mark
Copyright 1918 by Simplicissimus-Verlag G. m. b. H. & Co., München

Streik und Friede (Th. Th. Heine)

„Kinder, so finde ich den Weg schon gar nicht!“

Prost Noske! –
Das Proletariat ist entwaffnet!

Die Revolution 1918/19

und die Spaltung der Partei bis 1922

Prost Noske! – Das Proletariat ist entwaffnet!

Als führende Sozialdemokraten bereits kurz vor Kriegsende Regierungsmitverantwortung übernahmen, reagierte die Öffentlichkeit nicht sonderlich überrascht, zumal der militärische Zusammenbruch und die am 9. November 1918 ausbrechende Revolution bald die vollste Aufmerksamkeit erforderten. Viel spektakulärer war, daß kurz vorher, in der Nacht vom 7. zum 8. November, Kurt Eisner in München die Republik ausgerufen hatte. Der USPD-Mann war bis dahin eher als Bohémien denn als Politiker aufgefallen; um so unterschiedlicher fielen die Zeichnungen aus, die bald eine Karikaturzeitschrift nach der anderen von Eisner brachte. Der *Simplicissimus* aus München sah ihn mit der Fahne der Revolution in grimmiger Pose fest auf dem bayerischen Löwen sitzen (Abb. 108), der sich für den *Kladderadatsch* dagegen nicht bezwingen lassen wollte (Abb. 109). *Der Wahre Jacob*, seit Kriegsbeginn eigentlich das Organ der Mehrheitssozialisten, lobte Eisners verfassungsrechtliche Vorschläge (Abb. 111), wohingegen dessen Politik für den *Ulk* nur aus blinder Zerstörungswut bestand (Abb. 110). Offensichtlich hatte der neue Chefredakteur Kurt Tucholsky, der den *Ulk* ab dieser Nummer bis 1920 herausgab, noch keine Kontrolle über das Blatt, das unter seiner Leitung bald eine loyale Haltung zu der Republik entwikkelte, die der Sozialdemokrat Philipp Scheidemann am 9. November 1918 vom Reichstag aus proklamierte.

Karl Liebknecht, der noch am selben Tag vom Balkon des Berliner Schlosses die freie sozialistische Republik ausrief, kam in der Bildsatire längst nicht so glimpflich davon wie Eisner. Er war bereits während des Weltkrieges als „Vaterlandsverräter" abgestempelt worden und sah sich nun zusammen mit Rosa Luxemburg erst recht übelsten Verzerrungen ausgesetzt. Die beiden führenden Vertreter der am 1. Januar 1919 neugegründeten *Kommunistischen Partei Deutschlands (Spartakusbund)* wurden vor allem als Rädelsführer des sogenannten „Spartakusaufstandes" in der Woche vom 5. bis 12. Januar 1919 angegriffen. In einer am 12. Januar erschienenen Zeichnung des *Kladderadatsch* wird der waffenstarrende Liebknecht mit dem Mehrheitssozialdemokraten Friedrich Ebert konfrontiert, dem maßgeblichen Mann der Volksbeauftragtenregierung und späteren Reichspräsidenten (Abb. 112). In einer weiteren Zeichnung derselben Ausgabe wird Ebert sogar zum Mord an Liebknecht und Rosa Luxemburg aufgefordert, drei Tage, bevor die beiden Spartakisten heimtückischen Attentaten zum Opfer fielen (Abb. 113).

Die Straßenkämpfe zwischen revolutionären Arbeitern und Soldaten und den von der Regierung Ebert eingesetzten Truppen um die Jahreswende und im Frühjahr 1919 kommentierte der *Wahre Jacob* mit einer hilflosen Karikatur, in der die verstorbenen Vorkämpfer von Kommunismus, Sozialismus und Sozialdemokratie, Karl Marx, Friedrich Engels, Ferdinand Lassalle, Wilhelm Liebknecht und August Bebel, gleichermaßen fassungslos von oben auf das sich selbst wieder „neue Fesseln schmiedende Proletariat" herabschauen (Abb. 114). In das Blickfeld der Presse schob sich immer mehr der sozialdemokratische Wehrbeauftragte Gustav Noske, der mit den Worten „Einer muß der Bluthund werden" das Militär der undemokratisch gesonnenen alten Offiziere gegen die Aufständischen links von der SPD einsetzte. Der *Kladderadatsch* stand Gustav Noske positiv gegenüber und bildete ihn als herkulischen Bezwinger der revolutionären Arbeiter- und Soldatenräte ab (Abb. 116).

Ganz anders sahen Noske die Zeichner, die der KPD nahestanden und sich eigene, oft beschlagnahmte Sprachrohre schufen. In Berlin kamen 1919 *Die Pleite, Der blutige Ernst* oder auch *Jedermann sein eigener Fußball* heraus, die einen politischen Dadaismus vortrugen und u.a. George Grosz, Otto Dix und John Heartfield zu ihren Mitarbeitern bzw. Herausgebern zählten; im revolutionären Braunschweig erschien z.B. der *Till Eulenspiegel* und in Nürnberg *Der Zeitgeist.* Republikfeindliche Neugründungen wie der gegen die Räterepublik kämpfende Münchener *Phosphor* waren in dieser pressegeschichtlich an die 1848er Märzrevolution erinnernden Situation seltener, da die etablierten Zeitschriften diese Aufgabe z.T. übernahmen. Die linken Blätter stellten für die hier nur ausschnitthaft dokumentierbare Noske-Karikatur sogar ihre Titelseiten zur Verfügung. So verglich *Der Zeitgeist* Noske mit Napoleon (Abb. 115). George Grosz ließ in der *Pleite* einen Reichsoffizier inmitten einer von verstümmelten Leichen gepflasterten Straße auf Noske anstoßen (Abb. 117). Daß diese Karikatur nachträglich zur bekanntesten über Noske überhaupt wurde, liegt jedoch weniger am dokumentarischen, sondern mehr am kunstgeschichtlichen Wert. Künstler wie George Grosz oder auch John Heartfield verstanden es, der bewegten Zeit nicht nur durch ihre politische Haltung, sondern auch mittels formalästhetischer Innovationen neue Ausdrucksmöglichkeiten zu verleihen, und erregten so das Interesse der Kunstgeschichtsschreibung.

Der Wahre Jacob, der um die Jahrhundertwende ebenfalls einmal für den Symbolismus stilbildend gewesen war, vereinigte keine progressiven Künstler auf sich, hatte jedoch den weitaus größeren Leserkreis und konnte nach wie vor etwa 200000 Exemplare absetzen. Sowohl inhaltlich wie formal blieben seine Bilder indifferent, sind für den heutigen Betrachter dennoch gleichermaßen informativ und von hohem dokumentarischem Wert. Die Zeichnungen zur Sozialdemokratie fertigte ein gewandelter Anton Krüger, der vorher für den *Kladderadatsch* gearbeitet hatte. Den Streit zwischen den Unabhängigen und den Mehrheitssozialdemokraten hielt Krüger als Warnung vor der lauernden Reaktion fest, ohne Partei für eine der Gruppierungen zu ergreifen (Abb. 118). Die USPD war bereits Ende Dezember 1918 nach einem Streit über den Einsatz von Militär gegen revoltierende Matrosen aus der mit der SPD gebildeten Volksbeauftragtenregierung ausgetreten und durch Mehrheitssozialisten ersetzt worden. Bei den Wahlen zur Nationalversammlung im Januar 1919 hatte sie 7,6, die SPD 37,9 Prozent der Stimmen erhalten. Bei den Reichswahlen im Juni 1920 gewann die USPD kräftig hinzu und kam auf 18,0 Prozent, während der SPD-Anteil auf 21,6 sank. Tucholskys *Ulk* sah die Ursache hierfür in den Angriffen großbürgerlicher Kreise auf die Mehrheitssozialdemokratie, der treibenden Kraft der Koalitionsregierung unter Scheidemann und später unter Gustav Bauer, die als einzige linke Partei Verantwortung auf sich genommen hatte (Abb. 119).

Trotz des großen Wahlerfolges zerbrach die Einheit der USPD Ende 1920 an dem Streit um die Bedingungen zur Aufnahme in die Kommunistische Internationale, vom *Ulk* an der Spaltung der beiden Kontrahenten Ernst Däumig und Wilhelm Dittmann verbildlicht (Abb. 120). Als sich der linke Flügel – die Mehrheit – der USPD im Dezember mit der KPD zur „Vereinigten Kommunistischen Partei Deutschlands" zusammenschloß, bezog *Der Wahre Jacob* wieder Stellung und stellte die MSPD als festen Leuchtturm, die USPD als Ruine dar (Abb. 121). Der fast zwei Jahre später erfolgende Zusammenschluß der Rest-USPD mit der MSPD zur *Vereinigten Sozialdemokratischen Partei Deutschlands* wurde vom *Kladderadatsch* mit dem biblischen Gleichnis des verlorenen Sohnes kommentiert (Abb. 122). Die Opposition links von der SPD bestand nunmehr ausschließlich aus der KPD, die seit ihrem Wahlerfolg von 12,6 Prozent im Jahre 1924 auch wieder neue Satirezeitschriften herauszugeben begann (vgl. Abb. 143, 144, 145), in denen vor dem Aufkommen nationalsozialistischer Blätter die schärfsten Karikaturen gegen die Sozialdemokratie veröffentlicht wurden.

108

Olaf Gulbransson:
Kurt Eisner I.

Simplicissimus 23. Jg. Nr. 36 (3. Dezember 1918).

Der USPD-Mann Kurt Eisner sitzt mit der Fahne der Revolution fest und entschlossen auf dem bayerischen Löwen. Eisner hatte in der Nacht vom 7. zum 8. November 1918 in München die Republik ausgerufen.

Kurt Eisner I.

(Zeichnung von O. Gulbransson)

„Mein Vorgänger Ludwig I. hat München zur schönsten Stadt Deutschlands gemacht. Ich mache es zur freiesten!"

109

Gustav Brandt:
Illustrierte Rückblicke
vom 1. Oktober bis zum 31. Dezember 1918

(Ausschnitt). Kladderadatsch Nr. 1/1919 (5. Januar).

Oben: Mit der Novemberrevolution 1918 wurden die inhaftierten Spartakisten Rosa Luxemburg und Karl Liebknecht befreit und anschließend sofort wieder mittels Karikaturen verfolgt.
Unten: Der freie Schriftsteller („Kaffeehausliterat") Eisner kann sich in seiner Position auf dem bayerischen Löwen (vgl. Abb. 108) kaum mehr halten.

110

P. H.:
Im Porzellanladen.

Ulk Nr. 50/1918 (13. Dezember).

Kurt Eisner, der Ministerpräsident der bayerischen Republik, zerschlägt bei Ausübung seines Amtes in wilder Zerstörungswut Berge von Porzellan. Die rein emotionale, in keiner Weise argumentative Karikatur erschien gleichzeitig mit der im *Simplicissimus* (vgl. Abb. 108).

Illustrierte Rückblicke vom 1. Oktober bis zum 31. Dezember 1918

Endlich erhielten auch Liebknecht und Rosa die wohlverdiente Freiheit. (Die Raubtierkäfige im „Zoo" dagegen blieben geschlossen.) An der Beseitigung des bösen „Militarismus" wurde auch sonst von Erzberger und Scheidemann wacker gearbeitet.

Auf dem bayerischen Löwen machte Kurt Eisner die possierlichsten Bocksprünge. „Es sitzt sich hier doch nicht so bequem wie auf dem Sessel im Münchener Literatenkaffee!" sprach er nachdenklich.

Im Porzellanladen

– „Was machen Sie denn da, Herr Eisner?"
– „Deutsche Politik!"

111

Anton Krüger:
Der praktische Eisner.

Der Wahre Jacob Nr. 849/1919 (31. Januar).

Kurt Eisner als Zauberer bei der Vorstellung des Instrumentes der Volksabstimmung. Die Karikatur aus dem *Wahren Jacob* ist der positivste aller satirischen Kommentare zu Eisner, der drei Wochen später, am 21. Februar, ermordet wurde.

Der praktische Eisner
in einer Volksversammlung in Ingolstadt.

I.

„Sie werden mich fragen, wenn ein schwarzer Landtag zusammenkäme, ob ich ihn dann mit Maschinengewehren auseinandertreiben lassen werde? Ja, ich habe mir ein Maschinengewehr konstruiert, das kein Blut vergießt und nur die Lügner trifft."

II.

„Dieses Maschinengewehr heißt Referendum. Wenn die schwarzen Abgeordneten etwa die Monarchie wieder einführen wollten, dann ruft die Regierung das Volk zur Abstimmung auf. Entscheidet das Volk gegen die Schwarzen, dann schickt man den Landtag nach Hause."

112

Gustav Brandt: Die tatkräftige Regierung.

Kladderadatsch Nr. 2/1919 (12. Januar).

Karl Liebknecht blickt, von Waffen umgeben, von einem besetzten Gebäude (vermutlich dem Berliner Polizeipräsidium) hochmütig auf Friedrich Ebert herab. Liebknecht, Symbolfigur der Aufständischen während der „Spartakuswoche" vom 5. bis 12. Januar, in der das Polizeipräsidium besetzt gehalten wurde, läßt Ebert, den führenden Mann der SPD-Volksbeauftragtenregierung, hilflos erscheinen. Zum Zeitpunkt des Erscheinens der Karikatur entsprach dies jedoch nicht mehr den tatsächlichen Verhältnissen.

Der Volksbeauftragte Ebert: „Genosse Liebknecht, Sie haben doch keine verbotenen Waffen in Ihrer Häuslichkeit?" (Liebknecht schiebt 3 Kanonen und 11 Maschinengewehre durchs Fenster.)
Ebert: „So, so, danke sehr! Ich bin vollkommen zufriedengestellt!"

Die tatkräftige Regierung
(Zur Verfügung über die Waffenabgabe!)

Der Volksbeauftragte Ebert: „Genosse Liebknecht, Sie haben doch keine verbotenen Waffen in Ihrer Häuslichkeit?" (Liebknecht schiebt 3 Kanonen und 11 Maschinengewehre durchs Fenster.)
Ebert: „So, so, danke sehr! Ich bin vollkommen zufriedengestellt!"

113

Max Richter: Der Berliner „Gordische Knoten".

Kladderadatsch Nr. 2/1919 (12. Januar).

Friedrich Ebert als Alexander der Große mit einem Schwert vor dem „Gordischen Knoten", in dem Karl Liebknecht und Rosa Luxemburg gefangen sind, die am 30. Dezember 1918/1. Januar 1919 die *Kommunistische Partei Deutschlands (Spartakusbund)* mitbegründet hatten. Alexander soll dem Mythos nach den Knoten, den niemand entflechten konnte, einfach mit dem Schwert durchtrennt haben. Auf die Karikatur übertragen, bedeutet diese Lösung eine Aufforderung zum Mord. Drei Tage später, am 15. Januar 1919, wurden Karl Liebknecht und Rosa Luxemburg von Militärs verhaftet und heimtückisch ermordet.

Der Berliner „Gordische Knoten"

Der Ebert steht da, von Zweifel beschwert.
Hat er nichts von — Alexander gehört?

114

Anton Krüger:
Die Alten im Olymp.

Der Wahre Jacob Nr. 857/1919 (23. Mai).

Aus dem Jenseits betrachten die Vorkämpfer von Kommunismus, Sozialismus und Sozialdemokratie, Wilhelm Liebknecht, August Bebel, Friedrich Engels, Karl Marx und Ferdinand Lassalle, mißmutig die „Bruderkämpfe" zwischen der von der SPD befehligten Reichswehr und links von der SPD stehenden revolutionären Arbeitern. Die Karikatur erschien zum 56. Jahrestag der Gründung von Lassalles ADAV.

Die Alten im Olymp.

„Wir dachten, das Proletariat zu befreien, — aber es schmiedet sich wieder neue Fesseln."

115

(?): Ohne Titel.

Der Zeitgeist Nr. 10/1919.

Ein schwerbewaffneter Reichswehrminister Gustav Noske überragt Napoleon, Sinnbild des Diktators, um Längen. Wie aus dem Beitext hervorgeht, war der Anlaß des Spotts Noskes Verbot des *Zeitgeist*.

Nr. 10 (September 1919) Preis 20 Pf.

Der Zeitgeist

Politisch-satirische Blätter für das revolutionäre Proletariat.

Verboten für Berlin wurde am 27. August durch das Oberkommando Nos der „Zeitgeist“ auf Grund des § 9b des Belagerungsgesetzes.

Beschlagnahmt wurde Anfangs August in München der „Zeitgeist“ bei allen Verkaufsstellen.

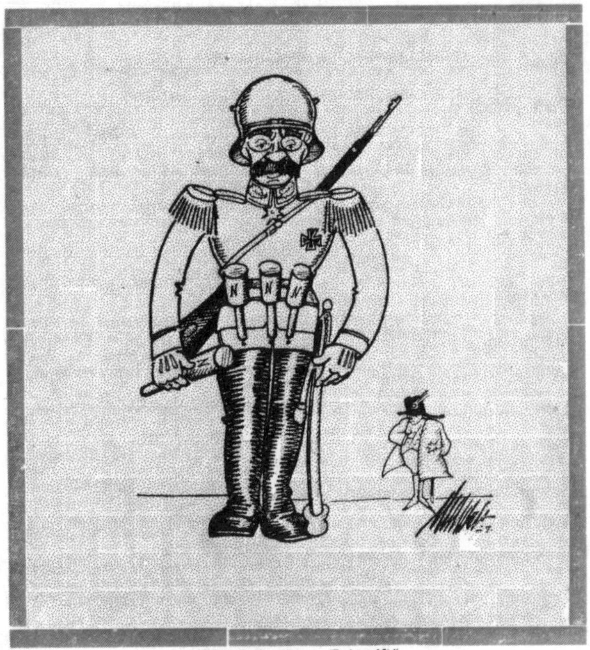

Verboten wurde Mitte August der „Zeitgeist“ im Bereiche des 7. A.-K. durch General Watter.

Ihr Leser des „Zeitgeist“
Hier seht Ihr es klar,
Wie klein der erste Napoleon
Gegen unseren Noske war!

116

Werner Hahmann:
Illustrierte Rückblicke
vom 1. Januar bis zum 31. März 1919

(Ausschnitt). Kladderadatsch Nr. 14/1919 (6. April).

Oben: Ein Soldat der Reichswehr zertritt den Spartakus-Drachen, eine Illustration der als „Spartakuswoche" bekanntgewordenen Aufstände im Januar 1919. *Unten:* Der sozialdemokratische Wehrbeauftragte Gustav Noske als Herkules, der laut Mythos schon als Kind zwei Schlangen mit bloßen Händen getötet haben soll. Noske würgt die Schlangen der revolutionären Arbeiter- und Soldatenräte, deren Widerstand er mit Waffengewalt unterdrückte.

117

George Grosz:
Prost Noske! –
das Proletariat ist entwaffnet!

Titel Die Pleite Nr. 3/1919.

Inmitten einer von entsetzlich verstümmelten Leichen gepflasterten Straße erhebt ein Offizier der Reichswehr sein Sektglas, um auf Reichswehrminister Gustav Noske anzustoßen. Dieser hatte im März, kurz vor Erscheinen der Karikatur des sich zu den Spartakisten bekennenden George Grosz, die Arbeiterviertel mit dem Satz „Einer muß der Bluthund werden" schonungslos entwaffnen lassen.

Illustrierte Rückblicke vom
1. Januar bis zum 31. März 1919

Zu Anfang dieses Monats konnte auch die weltgeschichtlich sehr merkwürdige Tatsache konstatiert werden, daß die deutsche Revolutionsregierung durch den letzten Rest des „fluchbeladenen Militarismus" gerettet wurde.

Der Kampf Noskes gegen die uns am Marke zehrenden A.- und S.-Räte überbot an Schwierigkeit die vielgerühmtesten Taten seines Vorgängers Herkules.

Die Pleite

30 Pf. 1. Jahrgang, Nr. 3 Der Malik-Verlag, Berlin-Leipzig Anfang April 1919 30 Pf.

Prost Noske! — — das Proletariat ist entwaffnet!

118

Anton Krüger:
SPD und USPD.

Beilage zum
Wahren Jacob Nr. 870/1919.

SPD und USPD werden als Kampfhähne dargestellt, die gleichermaßen Federn lassen. Im Hintergrund lauert als ordensdekorierter Fuchs General Wilhelm Groener, der stellvertretend für die untergegangene Monarchie steht.

Beilage zum Wahren Jacob

Nummer 870 | Stuttgart, 5. Dezember 1919 | 36. Jahrgang

SPD und USPD

Wenn es mit dem Hader so weiter geht, könnte der monarchistische Fuchs leider sein Ziel erreichen.

119

Theodor Leisser:
Haut den Demokraten.

Ulk Nr. 25/1920 (18. Juni).

Ein großbürgerlich Gekleideter haut den Lukas bzw. den „Demokraten“, für den *Ulk* die Regierungskoalition aus SPD, DDP und Zentrum unter Hermann Müller (SPD), und erzielt damit bei den Reichstagswahlen am 6. Juni 1920 die gegenteilige Wirkung: der Stimmenanteil der USPD stieg von 7,6 auf 18,0 Prozent, während der der SPD von 37,9 auf 21,6, der DDP von 18,5 auf 8,3 und des Zentrums von 19,7 auf 13,6 fiel.

120

Paul Halke:
Der russische Schwabenstreich.

Titel Ulk Nr. 44/1920.

Ein Schwert spaltet die USPD, dargestellt an zwei Kontrahenten, dem Parteivorsitzenden Ernst Däumig und dem Parteisekretär Wilhelm Dittmann. Auf dem Parteitag im Oktober 1920 war die organisatorische Einheit am Streit über die Aufnahmebedingungen der Kommunistischen Internationale – hier als Moskauer Schwert symbolisiert – zerbrochen. Der linke Flügel der USPD vereinigte sich im Dezember 1920 mit der KPD, deren Vorsitzende Paul Levi und Ernst Däumig wurden.

Haut
den Demokraten
oder

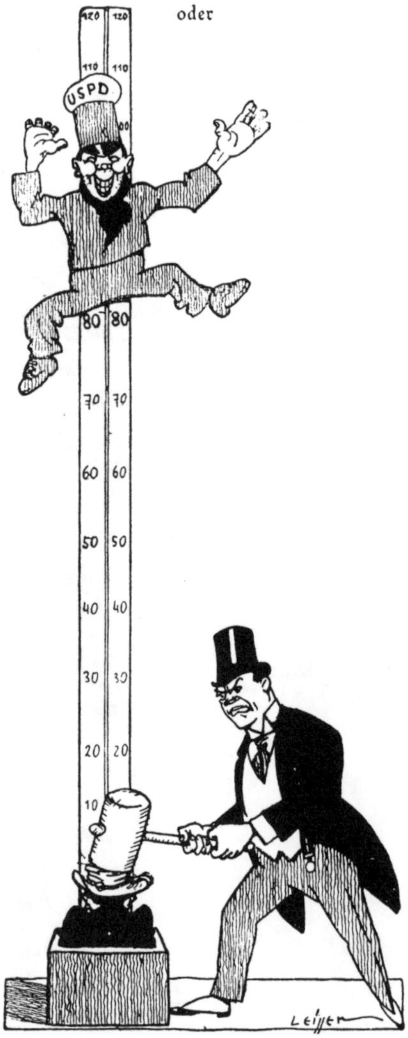

unerwünschte Wirkung

Zur Rechten sieht man wie zur Linken – einen halben Unabhängigen sinken!

121

Anonym:
Wetterfest.

Titel Der Wahre Jacob Nr. 900/1921.

Die Mehrheits-SPD als fester Leuchtturm in tosender Brandung, die denjenigen der USPD zerschmettert und gespalten hat, nämlich in den zur KPD übergewechselten Teil und den, der ein Jahr später zur MSPD zurückkehrte.

Nr. 900 : 1921 Preis 60 Pfennig 38. Jahrgang

DER WAHRE JACOB

Abonnementspreis jährlich M. 15.60 · Bei Postbezug vierteljährlich M. 3.90 (ohne Bestellgeld) | Erscheint alle vierzehn Tage in Stuttgart · Anzeigen für die 4gespaltene Nonpareille-Zeile M. 10.– | Verantwortlich für die Redaktion: Georg Durst in Stuttgart · Druck und Verlag von J. H. W. Dietz Nachf. G.m.b.H. Stuttgart

Wetterfest

Nicht für den Tag ist er gebaut
Der Turm des Sozialismus, —
Die Arbeit fest auf ihn vertraut,
Trotz Moskaus Kommunismus.

[Abb. 18]

122

Arthur Johnson: Ohne Titel.

Kladderadatsch Nr. 38/1922.

Der verlorene Sohn USPD wird vom Vater SPD durch Kuß und Umarmung empfangen. Nachdem im Dezember 1920 die Mehrheit der USPD zur KPD abgewandert war, schloß sich die übriggebliebene Minderheit, zu fast drei Vierteln Reichstagsmitglieder, nach glücklosem Alleingang im September 1922 wieder mit der SPD zur *Vereinigten Sozialdemokratischen Partei Deutschlands* zusammen. Das in der Unterzeile erwähnte „geschlachtete Kalb", das auf das Bibelgleichnis bei Lukas 15, 11 ff. zurückgeht, ist als Zugeständnis der SPD an die USPD aufzufassen.

Schultze: „Der valorene Sohn U. S. P. kehrt nu zum betriebten Vater S. P. D. zurück. Wenn ick nur wüßte —"
Müller: „Wat denn?"
Schultze: „Wer det Kalb is, det der Vata nu schlachtet!"

Sozialismus ist Arbeit

Regierungsverantwortung
in der Frühzeit
der Weimarer Republik
1919–1923

Sozialismus ist Arbeit

Als nach dem Zusammenbruch des Kaiserreichs die Aufgabe anstand, einen neuen Staat zu formen, war die (Mehrheits-)Sozialdemokratie zur Übernahme von Verantwortung bereit, wurde bei den Wahlen zur Nationalversammlung im Januar 1919 vom Wähler mit einem Stimmenanteil von 37,9 Prozent bestätigt und konnte daraufhin in der Frühzeit der Weimarer Republik wichtige Positionen besetzen.

Die nach außen spektakulärste Veränderung war, daß mit der Wahl Friedrich Eberts zum Reichspräsidenten am 11. Februar 1919 nun statt des Kaisers ein Sozialdemokrat repräsentativ an der Spitze Deutschlands stand – oder besser saß. Denn Ebert wurde von den Karikaturisten mit Vorliebe sitzend gezeigt, sozusagen noch unzählige Male nachträglich „inthronisiert", weil dieser Vorgang nur allzu deutlich mit seiner kleinbürgerlichen Herkunft kontrastierte. So sehr sich die Bilder zu diesem Thema vom Motiv her ähneln, so unterschiedlich sind sie, je nach Standort des Publikationsorgans, in ihrer Tendenz. Die wohlwollendste „Thronkarikatur" brachte ausgerechnet der *Kladderadatsch,* dessen Loyalität sich die SPD aber keinesfalls weiterhin sicher sein konnte (Abb. 123). Im *Simplicissimus* trat Ebert etwas später weitaus grimmiger auf (Abb. 124). Dort wehrte er sich gegen die Verleumdungen, denen er persönlich und mit ihm die Person des höchsten Repräsentanten der Republik fortwährend ausgesetzt war; vergebens, wie offenbar wurde, als ein republikanisches Gericht erlaubte, Ebert „Landesverräter" zu nennen. Die Karikatur des „Simpl" scheint weniger von Sympathie als von Indifferenz zum Staatsoberhaupt geprägt zu sein. Im *Till Eulenspiegel,* einer Neugründung des Jahres 1919 im revolutionären Braunschweig, wird dagegen bereits Distanz zum verloren seiner Krönung entgegensehenden Reichspräsidenten spürbar (Abb. 125). Und aus der Zeichnung von George Grosz für die Titelseite der ersten Ausgabe der KPD-nahen *Pleite* spricht politischer Haß, der in der Betitelung damit begründet wird, daß Ebert seine Position der Unterstützung durch das Kapital verdanke (Abb. 126).

Vordergründig überhaupt nicht inhaltlich motiviert scheinen die Karikaturen zu sein, die eine Fotografie aufgriffen, mit der die *Berliner Illustrierte* auf ihrer Titelseite vom 24. August 1919 Skandal gemacht hatte. Sie ist in einer Überarbeitung des *Kladderadatsch* noch gut zu erkennen: Reichswehrminister Noske und Reichspräsident Ebert baden in der Ostsee, beide nackt bis auf die Badehose (Abb. 127). Jede einzelne Karikaturzeitschrift griff dieses Bild begierig auf. Für die *Pleite* badeten die beiden in einem Meer von Leichen, die *Lustigen Blätter* zogen sie einfach wieder an, und der *Satyr* warf ihnen mit der Überschrift „Die Kommunisierung des Geschmacks" sittenwidriges Verhalten vor (Abb. 128). Daß ganz Deutschland lachte, tat sicher nicht nur dem Ansehen der Abgebildeten Abbruch, sondern auch der neuen Staatsreform.

Äußerst SPD-freundliche Karikaturen brachten in diesen Jahren die *Lustigen Blätter.* Bald nach Philipp Scheidemanns Ernennung zum Ministerpräsidenten der sogenannten „Weimarer Koalition" aus SPD, DDP und Zentrum am 13. Februar 1919 bildeten sie ihn zusammen mit Ebert in einer Titelzeichnung ab, die aufgrund der leichten Untersicht eher heroisierende denn karikierende Züge zeigt (Abb. 129).

Die weitaus meisten politischen Karikaturen

brachte jedoch nach wie vor der *Kladderadatsch*, mit dessen Kommentaren zur SPD aus dem Jahr 1919 sich allein ein Buch füllen ließe. Dies hatte seine Ursache aber auch in der Flut der Ereignisse. So wurde nach Scheidemanns Rücktritt aus Protest über die Friedensbedingungen der Siegermächte am 20. Juni 1919 der Sozialdemokrat Gustav Bauer zum neuen Reichskanzler gewählt – in Relation zu seiner wichtigen Stellung aber weder besonders häufig noch interessant karikiert, was von einer gewissen Farblosigkeit zeugt. In einer Zeichnung wird er mit der Entstehung der „Weimarer Verfassung" in Verbindung gebracht, die als Bestätigung der republikanischen Staatsform am 31. Juli 1919, während seiner Amtszeit, von der Nationalversammlung verabschiedet wurde (Abb. 130).

Sein direkter Nachfolger Hermann Müller, der am 27. März 1920 Reichskanzler wurde, bot mehr Angriffsfläche, da er zusammen mit dem Zentrumsmann Johannes Bell am 28. Juni 1919 im Spiegelsaal von Versailles den Friedensvertrag unterzeichnet hatte, der mit seinen extremen Forderungen die wirtschaftliche und militärische Kraft Deutschlands lähmte und von republikfeindlichen Kreisen als das Werk der SPD hingestellt wurde. So erscheint als Konsequenz ein süffisant blickender Hermann Müller im Zusammenhang mit einer Karikatur über den „Schandvertrag" (Abb. 131). Mit dem Verlust der Mehrheit für die Weimarer Koalition bei den Reichstagswahlen vom Juni 1920 und erneut nach Eberts Tod im Februar 1925 setzte die personengebundene SPD-Karikatur weitgehend aus, bis Müller 1928 ein zweites Mal Kanzler wurde (vgl. Abb. 141).

Relativ häufig erschienen in der Frühzeit der Weimarer Demokratie auch Spottbilder auf die sozialdemokratische Politik. Beachtung fand z. B. das „Schulkompromiß", das der *Simplicissimus* als Fütterung des Zentrums mit Schulkindern in Szene setzte (Abb. 132). Die SPD hatte die Vorstellung von der Einheitlichkeit des Schulwesens und der Trennung von Kirche und Schule aufgegeben und dem Zentrum konfessionelle Schulen zugestanden, um Stimmen für die Ratifizierung des Versailler Vertrages zu gewinnen. Auch die von der Arbeiterschaft geforderten und von der SPD-Fraktion initiierten Gesetzesentwürfe zur „Sozialisierung" und zur „Regelung der Kohlenwirtschaft" stießen auf ein satirisches Echo. Obwohl die Schachtanlagen in den Händen der alten Eigentümer blieben, sah Walter Trier von den *Lustigen Blättern* die Kohle bereits vorzeitig sozialisiert und im Besitz der Arbeiter (Abb. 134). Für den kommunistischen *Gegner* jedoch gehörte die Industrie nach wie vor Großindustriellen wie Hugo Stinnes, in dessen Händen „Fritz" Ebert – der hier sicher nicht persönlich, sondern stellvertretend für die Mehrheitssozialdemokratie gemeint war – nicht nur zur Marionette, sondern gar zum Hampelmann wurde (Abb. 135).

Arbeitszeit, Streik und die Stellung zu den Gewerkschaften waren ebenso oft angesprochene Themen. Der Achtstundentag z. B., neben der Einführung des allgemeinen, gleichen Wahlrechts und dem Wahlrecht für Frauen eines der großen klassischen Ziele der SPD, führte im Spottbild zu den erstaunlichsten Beschäftigungen (Abb. 136). Dazu gehörte auch der Streik, der im März 1919 vom Vorstand der Partei verurteilt worden war, die dann auch unter dem (gegen die Streikaufrufe der Kommunisten gerichteten) Motto „Sozialismus ist Arbeit" in den Wahlkampf ging. Der Slogan taucht in der Karikatur unweigerlich wieder auf (Abb. 133). Als die SPD dann ein Jahr später zusammen mit den Gewerkschaften doch zum erfolgreichen Generalstreik gegen den „Kapp-Putsch" aufrief, wurde dies vom *Wahren Jacob* freudig begrüßt. Die Macht im neuen „Klassenstaat" war jedoch längst nicht so verteilt, wie es eine Art Ständepyramide mit einem Parteisekretär obenauf im *Kladderadatsch* vorgaukeln möchte (Abb. 137). Dazu war die SPD zu vielen zermürbenden Angriffen von links und rechts, nicht zuletzt seitens der Satirepresse, ausgesetzt.

123

Oskar Garvens: Frédéric le Gros.

Beilage zum Kladderadatsch Nr. 36/1919.

Der Mehrheitssozialdemokrat Friedrich Ebert mit Reichsapfel und bürgerlichem Regenschirm statt Zepter auf dem Thron des Reichspräsidenten, auf den er am 11. Februar 1919 gewählt wurde. Die insgesamt sehr wohlwollende Karikatur kommt an einem bissigen Wortspiel zur Leibesfülle Eberts nicht vorbei: die wie „Friedrich der Große“ klingende Unterzeile lautet übersetzt „Friedrich der Dicke“.

124

Wilhelm Schulz: S. M. Ebert

Simplicissimus 24. Jg. Nr. 46 (11. Februar 1920).

„Seine Majestät“ Ebert mit rotem Umhang und Jakobinermütze überreicht einem Bediensteten grimmig und entschlossen eine Schriftrolle von seinem Thron herab. Der Unterzeile nach enthält sie ein Gesetz gegen „Majestätsbeleidigung“, eine Anspielung auf die vielen (bis 1925: 150) Prozesse, die Ebert wegen der Verleumdungen seiner und damit des Reichspräsidenten Person anzustrengen gezwungen war. Die Haltung des „Simpl“ zu Ebert scheint indifferent zu sein.

Unsere Zeitgenossen: Reichspräsident Friedrich Ebert.

Frédéric le Gros

S. M. Ebert

(Zeichnung von Wilhelm Schulz)

„Gegen Schieber und Einbrecher sind wir machtlos. Aber Strafe muß sein. Führen wir also die Majestätsbeleidigung wieder ein.“

125

Hermann Wilke:
Fritzens Krönung.

Titel Till Eulenspiegel Nr. 24/1919.

Der von oben auf einer dekorierten Theaterbühne dargestellte, inthronisierte Reichspräsident Friedrich Ebert, dem gerade zwei Putten die Jakobiner„krone" aufsetzen, wirkt verloren und hilflos, weil die „Blechpfeifen von rechts und links" (Unterzeile) nicht mitfeiern, sondern sich – wie die Zeitschrift auch – von ihm distanzieren.

126

Georg Grosz:
Von Geldsacks Gnaden.

Titel Die Pleite Nr. 1/1919.

Ein deformierter Reichspräsident Friedrich Ebert mit der Krone eines Feudalherren und der Zigarre eines Kapitalisten läßt sich von einem Livrierten bedienen. Die Betitelung „Von Geldsacks (statt: von Gottes) Gnaden" unterstreicht den politischen Haß der KPD-nahen *Pleite* und ihres Zeichners Grosz gegen die Mehrheitssozialdemokratie, deren Symbolfigur Ebert war.

Ebert: „Nu hab ich mich so auf die schöne Feier mit Orgelton und Glockenklang gefreut und da vermasseln sie mir das dadurch, daß die Blechpfeifen von rechts und links verstimmt sind und nicht mitmachen! Ein Trost, daß die Landesjäger so schön laut spielen und die Mißklänge übertuten!"

127

Anonym:
Die neue deutsche Briefmarke.

Kladderadatsch Nr. 36/1919.

Eine Überarbeitung der Fotografie, mit der die *Berliner Illustrierte* auf ihrer Titelseite vom 24. August 1919 Skandal machte: Reichswehrminister Gustav Noske und Reichspräsident Friedrich Ebert an der Ostsee, beide nackt bis auf die Badehose.

Die neue deutsche Briefmarke.

128

Schlattmann: Die Kommunisierung des Geschmacks.

Titel Satyr Nr. 25/1919.

Eine zeichnerische Verzerrung der Fotografie, mit der die *Berliner Illustrierte* auf ihrer Titelseite vom 24. August 1919 Skandal machte. Titel und Unterzeilen beklagen den Verlust des Taktgefühls in der Weimarer Republik.

25 1919 SATYR 20 Pfg.

·HERAUSGEGEBEN·VON·ALEXIS·

Die Kommunisierung des Geschmacks

eine geschmackvolle Photographie, von einer geschmackvollen Redaktion veröffentlicht!

Links Herr Noske, rechts Herr Ebert,
Vorne ein Lakai, der strebert
Mit dem Dreizack als Neptun —
Publikus, was sagste nun?

Ordenslos, nur nacktes Fell!
Ohne Hofzeremoniell!
Wie man's als Genosse muß,
Nur mit etwas Spiritus!

Dieser feine, sichre Takt
Freund und Feind ganz sicher packt, —
Warum soll in goldnen Zeiten,
Man sich keinen Fez bereiten?!

Soll man immer nur parlieren,
Protestieren, schwadronieren,
Volkstribun und Militär sein?
Nun, man muß auch populär sein!

Darf man überhaupt Aesthet sein?
Pflichtgemäß muß man Prolet sein
Und sich nicht nur beim Regieren,
Sondern stets und stramm blamieren!

Links Herr Noske, rechts Herr Ebert,
Vorne ein Lakai, der strebert
Mit dem Dreizack als Neptun . . . .
Publikus, — was sagste nun???

Alexis

129

Walter Trier: Friedrich der Einzige und Philipp der Gute.

Titel Lustige Blätter Nr. 9/1919.

Philipp Scheidemann, seit dem 13. Februar 1919 der erste Ministerpräsident der ersten parlamentarisch gewählten Regierung der deutschen Republik, und Friedrich Ebert, seit 11. Februar ihr Reichspräsident, in einer wohlwollenden Titelkarikatur, wiedergegeben in heroisierender Untersicht.

130

Max Richter: Aus der Industriestadt Weimar.

Kladderadatsch Nr. 35/1919 (31. August).

Gustav Bauer, der nach Scheidemanns Rücktritt am 20. 6. zum Reichskanzler gewählt wurde, an einer „Gesetzefabrikationsmaschine" (Unterzeile). Illustriert wird so die Entstehung der „Weimarer Verfassung", die als Bestätigung der republikanischen Staatsform am 31. Juli von der Nationalversammlung verabschiedet und am 11. August 1919 von Reichspräsident Ebert unterzeichnet worden war. „Cito" ist vermutlich eine Anspielung auf die während der Französischen Revolution übliche Anrede „Citoyen, Bürger" anstelle von „Monsieur".

Friedrich der Einzige und Philipp der Gute.

Aus der Industriestadt Weimar

Der Reichskanzler Bauer (vor der neuesten Gesetzefabrikationsmaschine „Cito"): „Sehen Sie, meine Herrschaften: von dem Hineinstecken des Gesetzentwurfs bis zu dessen Fertigstellung dauert es gerade 10 Minuten."

131

Werner Hahmann:
Keine Weihnachtsfreude.

Kladderadatsch Nr. 50/1919
(14. Dezember).

Der deutsche Michel als kleiner Junge, dessen Kriegsspielzeug im Schrank eingeschlossen ist, weigert sich, mit einer den „Friedensvertrag" haltenden häßlichen Puppe zu spielen. An der Wand über ihm wird ein Porträt Bismarcks von dem des SPD-Politikers Hermann Müller überdeckt, der am 28. Juni 1919 zusammen mit Johannes Bell vom Zentrum den Friedensvertrag von Versailles unterzeichnet hatte und nach dem Rücktritt des Kabinetts Bauer am 27. März 1920 neuer Reichskanzler wurde. Der *Kladderadatsch* macht die SPD mit dieser Karikatur für den „Schandvertrag" verantwortlich.

Keine Weihnachtsfreude

Armer kleiner Michel! Das beste Spielzeug haben sie dir weggenommen; nur die greuliche Puppe darfst du behalten

„Kladderadatsch" Nr. 50, 1919.

132

Erich Schilling:
Das Schulkompromiß.

Simplicissimus 24. Jg. Nr. 21 (19. August 1919).

In kirchlicher Umgebung wirft ein „Sozi" Kinder in den Rachen eines überdimensionierten Mönchskopfes mit Tonsur, einem Sinnbild für die Zentrumspartei. Die SPD hatte dem Zentrum die Beibehaltung konfessioneller Schulen zugestanden, um Stimmen für die Ratifizierung des Versailler Vertrages zu gewinnen.

Das Schulkompromiß

(Zeichnung von E. Schilling)

„Der Reichseinheit muß man jedes Opfer bringen!"

133

Max Richter: Verspätete Aufklärung.

Kladderadatsch Nr. 9/1919.

Ein Arbeiter vor einer Litfaßsäule mit der Aufschrift „Sozialismus ist Arbeit", dem Wahlslogan der SPD, die sich damit gegen die Streikaufrufe der Kommunisten wandte. Mit dem in der Unterzeile zitierten „9. November" (1918) ist der Tag der Ausrufung der Republik gemeint (vgl. Abb. 140).

134

Walter Trier: Die sozialisierte Kohle.

Lustige Blätter Nr. 13/1919.

Ein überdimensioniertes Brikett mit Ballonhut auf einem proletarisch gekleideten Körper vor einer Industrielandschaft dient als Illustration des Gesetzes zur „Regelung der Kohlenwirtschaft", das am 13. März 1919 verabschiedet wurde. Es war unter der Parole „Die Sozialisierung ist da!" angekündigt worden, berührte die Frage nach dem Eigentum an den Produktionsmitteln aber nicht, sondern versprach den „Absatz der Produkte gemeinschaftlich zu sichern". Trier sieht den sozialdemokratischen Arbeiter schon als Besitzer der Kohle.

Verspätete Aufklärung

„Au — Backe! Det hätt' uns eener vor dem 9. November sagen müssen!"

Die sozialisierte Kohle. „Uff! Ich hab's geschafft!"

135

Anonym (George Grosz?): Stinnes und sein Präsident oder Friede zwischen Kapital und Arbeit.

Der Gegner Nr. 10–11/1920–21.

Hugo Stinnes, führender Großindustrieller in Bergbau, Reederei, Schwer- und Elektroindustrie, Fraktionsmitglied der DVP und Vertreter der Interessen der „Zentralarbeitsgemeinschaft" der deutschen Industrie im Reichstag, steht in einer z. T. zerstörten Industriegegend auf einem Hügel aus Geld und Leichen und spielt mit einem Hampelmann, der als Reichspräsident „Fritz" (Aufschrift) Ebert erkennbar ist. Während die SPD-freundlichen *Lustigen Blätter* (vgl. Abb. 134) die Sozialisierung verwirklicht sahen, hält der KPD-nahe *Gegner* die SPD für eine Marionette des Kapitals.

DER GEGNER

MIT DEM SATIRISCHEN TEIL „DIE PLEITE"

HEFT ZEHN/ELF 1920/21 ZWEITES JAHR

Stinnes und sein Präsident
oder
Friede zwischen Kapital und Arbeit

136

Johannes Bahr: Der Achtstundentag.

Kladderadatsch Nr. 7/1919.

Der Tagesablauf eines Arbeiters in acht Etappen nach der Einführung des Achtstundentages, einer der großen Forderungen der SPD schon im 19. Jahrhundert, in einer für den *Kladderadatsch* sehr humorvollen Sichtweise. (Zum Achtstundentag vgl. Abb. 74.)

137

Werner Hahmann: Der neue Klassenstaat.

Kladderadatsch Nr. 47/1920.

Die Ständepyramide aus der Sicht des *Kladderadatsch*, der einige der einflußreichsten Gruppen der Republik, wie die aus dem Kaiserreich übernommene Beamtenschaft in Justiz und Verwaltung oder die Reichswehr, einfach unterschlägt, um die SPD zu diffamieren.

Der neue Klassenstaat

Ganz oben wird die Macht vergeben –
Darunter geschlemmt und feste geschoben –
Dann kommen die Herr'n, die vom Nichtstun leben –
Es folgen die Hetzer, die schreien und toben –
Und nur, geplündert von all diesen Schuften,
Ganz unten die Braven und Stillen, die schuften!

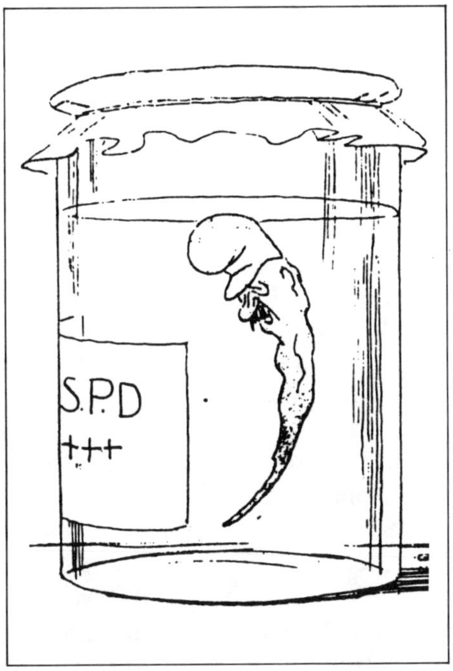

Ausgedient!

Der Kampf gegen die Sozialdemokratie

bis zur nationalsozialistischen

Machtergreifung

1933

Ausgedient!

Durch die Übernahme von Regierungsmitverantwortung kurz vor Kriegsende 1918 hatte sich die SPD Angriffen nationalistischer Kreise preisgegeben, die sie bis ins Exil nach dem Machtantritt der Nationalsozialisten 1933 als „Novemberverbrecher" verfolgen sollten. Zunächst aber wurde die schon während des Krieges aufgekommene „Dolchstoßlegende" im November 1919 durch Behauptungen der ehemaligen Heerführer Paul von Hindenburg und Erich Ludendorff vor einem Untersuchungsausschuß der Nationalversammlung so publik, daß sie in mehreren Spottbildern gleichzeitig thematisiert wurde. Der *Kladderadatsch* demonstrierte seine deutschnationale Position zunächst in einer Hindenburg freundlich gesonnenen Titelkarikatur, in der ein monarchistisches Rotkäppchen von einem wütenden SPD-Wolf bedroht wird (Abb. 138). Im selben Heft lüftet der Ex-Generalfeldmarschall Hindenburg dann den Vorhang zu einer Mordszene, in der eine medusenhafte Sozialdemokratie dem deutschen Soldaten hinterrücks das Herz durchbohrt (Abb. 139).

Diese „Dolchstoßlegende" wurde jedes Jahr aufs neue am 9. November, dem Tag der Ausrufung der Republik durch Scheidemann, wieder aufgebracht. Das motivierte die SPD-eigene Presse zu Gegendarstellungen, die in ihrem Symbolismus denen des 19. Jahrhunderts verwandt sind. Als *Der Wahre Jacob* mangels Absatz während der Inflation sein Erscheinen von Ende 1923 bis 1927 einstellen mußte, übernahm die Aufgabe des Gegenbildes das im Januar 1924 neugegründete *Lachen links*, für das zwei Sozialdemokraten verantwortlich waren: der preußische Landtagsabgeordnete Erich Kuttner und der Schriftsteller Friedrich Wendel, Verfasser der Monographie „Der Sozialismus in der Karikatur" (vgl. Lit.-verz.). Die bekanntesten Zeichner von *Lachen links* waren Hans Baluschek, Jacobus Belsen, Käthe Kollwitz, Erich Wilke und Heinrich Zille. Belsen kehrte mit einem seiner Beiträge zum 9. November die „Dolchstoßlegende" in ihr Gegenteil um: statt den deutschen Soldaten niederzustechen, befreit ihn die Sozialdemokratie, eine schöne Allegorie der Freiheit, vom Kriegsgerät und hilft ihm auf (Abb. 140).

Um die Mitte der 20er Jahre sind Karikaturen auf die SPD vergleichsweise selten. Bilder mit reichsweitem Belang stellten sich erst 1928 wieder ein, als Hermann Müller, der bereits 1920 Kanzler gewesen war (vgl. Abb. 131), eine große Koalition aus SPD, Zentrum, BVP, DDP und DVP bildete. Der *Simplicissimus* zeigte einen sorgenerfüllten Müller auf einer seiner Titelseiten (Abb. 141). Die Koalition bot den Zeichnern jedoch weniger Angriffsfläche als innerparteiliche Spannungen wie die um den Panzerkreuzer A, oder, mehr noch, die tatsächliche Spaltung der Partei im Oktober 1931. Olaf Gulbransson stellte die dort erfolgte Neugründung der *Sozialistischen Arbeiterpartei Deutschlands (SAP)* als Selbstverstümmelung dar (Abb. 142).

Wegen des geringen Einflusses der SPD im Reich konzentrierte sich die Aufmerksamkeit der Karikaturisten auf Preußen, das unter der Ministerpräsidentschaft des „roten Zaren" Otto Braun von 1920 bis 1932 ein „rotes Bollwerk" bildete. In Berlin wurden auch die kommunistischen Satirezeitschriften herausgegeben. Nach einer Vielzahl kurzlebiger Blätter des Revolutionsjahres 1919 (vgl. S. 129) erschienen hier die von den sozialdemokratischen Ministerien oft verbotenen, deshalb auch einander unter neuem Namen abwechselnden *Der rote Knüppel* (zuletzt als *Der Knüppel*, 1924–1927), *Eulenspiegel* (1928–1931) und *Roter Pfeffer* (1932–1933, im Pariser Exil kurzzeitig fortgeführt). Für den *Knüppel* arbeiteten u.a. George Grosz, Rudolf Schlichter und John Heartfield, während die Redaktion des *Eulenspiegel* neben George Grosz auch Käthe Kollwitz und Heinrich Zille zu ihren Zeichnern zählen konnte. Die unversöhnlichsten Karikaturen brachte der *Rote Pfeffer,* der u.a. das harte Vorgehen der sozialdemokratisch geführten Berliner Polizei gegen trotz Verbot demonstrierende Kommunisten anprangerte (Abb. 143). Nicht selten versprachen die kommunistischen Blätter Gewalt gegen die „Bonzen" und „Sozialfaschisten" von der SPD (Abb. 144). Seit 1931 tauchte immer wieder ein Emblem im Zusammenhang mit der SPD-Karikatur auf: die drei Pfeile der „Eisernen Front", dem Zusammenschluß von SPD, Allgemeinem Deutschem Gewerkschaftsbund (ADGB) und Reichsbanner Schwarz-Rot-Gold, der Kampforganisation der republikanischen Parteien mit knapp drei Millionen Mitgliedern, fast ausschließlich Sozialdemokraten. KPD-Zeichner zogen die Schärfe der drei Pfeile selbstverständlich in Zweifel (Abb. 145).

Im Jahre 1931 wurde der *Kladderadatsch* von der nationalsozialistischen *Brennessel* rechts überholt. Sie ahmte vom Layout her den „Simpl" nach, hatte nach eigenen Angaben bald 80000 Abonnenten und zielte unmißverständlich auf die Auslöschung der Republik. Wie „Unkraut" wurden SPD- und Zentrumsköpfe auf einer Titelkarikatur der *Brennessel* von einem SA-Mann hinweggemäht (Abb. 146). Einer ihrer gewalttätigsten Zeichner war Hans Schweitzer, der später für die berüchtigte Ausstellung „Entartete Kunst" mit verantwortlich war und sich für seine karikaturistische Tätigkeit den Namen „Mjölnir", die Bezeichnung für den riesigen Hammer des Germanengottes Thor, ausgesucht hatte. Welch zynische Einstellung die *Brennessel* zur Anwendung von Gewalt hatte, zeigte sich besonders deutlich in einer Illustration zum sogenannten „Preußenschlag" von 1932 (Abb. 147). Der dort abgebildete preußische Innenminister Carl Severing und sein Ministerpräsident Otto Braun waren am 20. Juli 1932 von Reichskanzler von Papen mit Hilfe des Notstandsartikels 48 abgesetzt worden, weil sie angeblich unfähig zur Aufrechterhaltung der Ordnung gewesen seien und die KPD begünstigt hätten. Dabei verwies selbst die *Brennessel* noch nach der nationalsozialistischen Machtergreifung vom 30. Januar 1933 höhnisch darauf, daß die „Einheitsfront" zwischen SPD und KPD niemals zustandekommen würde (Abb. 148).

Hitlers Machtergreifung bedeutete sowohl das Ende der freien Presse als auch das des Parteiwesens. *Der Wahre Jacob* mußte, wie andere Blätter, sein Erscheinen einstellen; der *Simplicissimus* schaltete sich gleich, nachdem SA-Leute das Redaktionsbüro demoliert hatten. Zeichner wie Th. Th. Heine mußten fliehen; der ehemalige Herausgeber von *Lachen links,* Erich Kuttner, wurde von den Nazis im Konzentrationslager Mauthausen ermordet. Unter den gleichgeschalteten und von jeher NSDAP-freundlichen Satirezeitschriften widmeten sich nach wie vor der *Kladderadatsch* und die *Brennessel* der Verfolgung und Ermordung der SPD, die am 22. Juni 1933 vom endgültigen Verbot betroffen wurde. Zu den genannten gesellten sich einige wenige verbreitete Blätter wie z.B. *Die Natter,* deren Zeichnungen jedoch längst nicht an die Perversität von Julius Streichers *Stürmer* heranreichten, auf deren Nachdruck hier bewußt verzichtet wird.

Die nationalsozialistischen Karikaturisten kommentierten den Weg der SPD ins Exil mit unzähligen Hetzbildern. Zunächst spotteten sie über die Handlungsunfähigkeit des dezimierten Vorstandes (Abb. 149), um dann am Beispiel von Paul Löbe und Otto Wels die unterschiedlichen Taktiken der Daheimgebliebenen und der Exilanten zu verhöhnen (Abb. 150). Der Exilvorstand der in Prag „Sopade" genannten Partei und sein von Friedrich Stampfer herausgegebener *Neuer Vorwärts* (Abb. 151) wurden ebenso angeprangert wie Rudolf Breitscheids Rede bei der Sozialistischen Arbeiter-Internationale in Paris (Abb. 152) oder die propagandistischen Aktivitäten so prominenter Künstler wie Heinrich und Thomas Mann (Abb. 155). Mit der Verabschiedung der „Schand"republik als Mumie und der „Entfernung" des SPD-„Blinddarms" an der Saar (Abb. 154) verlor sich langsam das Interesse der Zeichner.

138

Werner Hahmann:
Das Schwarz-Weiß-Rot-Käppchen.

Titel Kladderadatsch Nr. 48/1919 (30. November).

In Anlehnung an das bekannte Märchen bedroht ein grimmiger Wolf mit SPD-Ballonmütze ein kleines Mädchen, das monarchistische „Schwarz-Weiß-Rot-Käppchen" in den Farben des Kaiserreichs, das dem „lieben Onkel Hindenburg" (Aufschrift) mit Blumenstrauß und Präsentkorb gratuliert. Der ehemalige Heerführer hatte zusammen mit Erich Ludendorff am 18. November 1919 vor dem Untersuchungsausschuß der Nationalversammlung zur Erforschung des deutschen Zusammenbruchs die sogenannte „Dolchstoßlegende" verbreitet: die Heimat sei dem „im Kriege unbesiegten Heere" in den Rücken gefallen.

139

Werner Hahmann:
An die Kurzsichtigen.

Kladderadatsch Nr. 48/1919 (30. November).

Der ehemalige Reichsfeldmarschall Paul von Hindenburg lüftet den Vorhang zu einer dramatischen Mordszene: eine weibliche Gestalt mit einer Ballonmütze über dem schlangenhaarigen Haupt der legendären Medusa (deren Blicke versteinern konnten) durchbohrt von hinten das Herz eines deutschen Soldaten. Hahmann illustriert mit dieser Zeichnung die sogenannte „Dolchstoßlegende", welche Militärs und nationalistische Kreise unermüdlich anführten, um die eigene Schuld an der Niederlage zu kaschieren und die Regierungsparteien, vor allem die SPD, zu diffamieren.

Das Schwarz-Weiß-Rot-Käppchen.

„Ihr sucht die Wahrheit? Wenn sie aber erscheint, wünscht ihr sie zu allen Teufeln!"

140

Jacobus Belsen:
Der 9. November 1918.

Lachen links Nr. 45/1925
(6. November).

Die Allegorie der Libertas mit der phrygischen Mütze, Symbol der Sozialdemokratie, befreit einen am Boden Liegenden, der in der Unterzeile als das „deutsche Volk“ bezeichnet wird, vom Kriegsgerät und hilft ihm auf. Die Zeichnung aus dem sozialdemokratischen Satireblatt *Lachen links* ist eine Gegendarstellung zur „Dolchstoßlegende“, die alljährlich am 9. November, dem Tag der Ausrufung der Republik, wieder aufgebracht wurde.

Der 9. November 1918 — Zeichnung von Jacobus Belsen

Wer, deutsches Volk, hat damals dich erhoben
Aus Not und Dreck, aus Nacht und Dunkelheit?
Als deine Fürsten auseinanderstoben,
Wer stützte dich? Wer war zum Dienst bereit?

Wen sah in Liebe man zu dir sich beugen?
Wer half? Wer gab? Wer leichterte die Last?
Wer ist es, nun sich lichte Tage zeigen,
Dem neue Stärke du zu danken hast? W.

141

Erich Schilling:
Der Kanzler
zwischen Marx und Marx.

Titel Simplicissimus
33. Jg. Nr. 14 (21.Juni 1928).

Ein sorgenvoll blickender Reichskanzler Hermann Müller zwischen den Porträtmedaillen des vorigen Kanzlers Wilhelm Marx vom Zentrum und des Philosophen Karl Marx. Müller hatte nach zähen Verhandlungen im Anschluß an die Reichstagswahlen vom Mai 1928 eine große Koalition aus SPD, Zentrum, BVP, DDP und DVP gebildet, die im März 1930 an der Frage der Arbeitslosenversicherung zerbrach.

142

Olaf Gulbransson:
Die neue sozialistische Partei.

Titel Simplicissimus 36. Jg. Nr. 30 (26. Oktober 1931).

Von einer Wolke herab beobachtet ein entsetzter August Bebel, wie sich ein Sozialdemokrat mit Ballonhut als Zeichen für die Spaltung der Partei selbst verstümmelt. Aus Protest gegen die Unterdrückung der innerparteilichen Opposition und gegen die Haltung zum Kabinett Brüning hatte sich auf einer Reichskonferenz oppositioneller Sozialdemokraten am 4. Oktober 1931 die *Sozialistische Arbeiterpartei Deutschlands (SAP)* als Partei links von der SPD konstituiert. Die Unterzeile der Karikatur legt Bebel eine Abwandlung ausgerechnet des Satzes in den Mund, den Wilhelm II. bei Ausbruch des ersten Weltkrieges aussprach: „Ich kenne keine Parteien mehr, ich kenne nur noch Deutsche“.

143

gü:

... und das ist Bismarcks Preußengeist, der sich im Mai stets neu erweist.

Titel Roter Pfeffer Nr. 4/1932 (15. April).

Vier namentlich gekennzeichnete Personen – der preußische Innenminister Carl Severing, der preußische Ministerpräsident Otto Braun, Berlins Polizeipräsident Albert Grzesinski (alle SPD) und Reichskanzler Heinrich Brüning (Zentrum) – versuchen dem riesigen Schriftzug „1. Mai" einen Tschako, die Kopfbedeckung der Berliner Polizei, überzustülpen und damit eventuelle Maidemonstrationen zu ersticken. Der kommunistische *Rote Pfeffer* bezog sich mit dieser Zeichnung auf das harte Vorgehen der Berliner Polizei gegen trotz Verbot demonstrierende Kommunisten während der vorangegangenen Jahre.

144

Voss:
Verfluchte Wahlrutschbahn!

Roter Pfeffer Nr. 4/1932
(15. April).

Ein „Bonze“, d. h. Kapitalist, mit SPD-Hut rutscht in einen mit Pfeilspitzen endenden KPD-Schriftzug. Diese kurz vor der preußischen Landtagswahl vom 24. April 1932 veröffentlichte kommunistische Karikatur sollte teilweise recht behalten: die Stimmenanteile der SPD sanken von 29,0 auf 21,2 Prozent. Die KPD gewann jedoch nur um 0,9 auf insgesamt 12,8 Prozent dazu, während die Nationalsozialisten sprunghaft von 2,9 auf 36,3 Prozent kamen.

145

gü:
Freiheit – mit Stoßdämpfer.

Roter Pfeffer Nr. 9/1932
(15. September).

Die von drei trutzigen Arbeitern gelenkten Pfeilspitzen mit den Aufschriften der Gruppierungen, die am 23. Dezember 1931 die „Eiserne Front“ zur Abwehr der faschistischen Gefahr unter dem Wahrzeichen der drei Pfeile gegründet hatten, werden von drei Männern wieder entschärft. Es handelt sich bei ihnen um die führenden Repräsentanten eben dieser drei Gruppen: um Karl Höltermann, den Vorsitzenden der republikanischen Kampforganisation „Reichsbanner“, Otto Wels vom Parteivorstand der SPD und Theodor Leipart, den Vorsitzenden des Allgemeinen Deutschen Gewerkschaftsbundes (ADGB).

VERFLUCHTE WAHLRUTSCHBAHN!   *Zeichnung: Voss*
Der Bonze: „Au! Det jeht ins Fleisch!!“

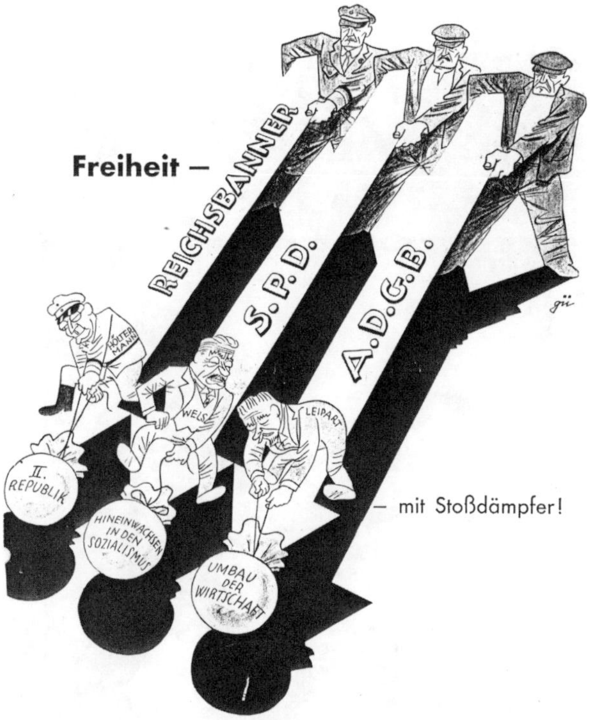

146

Eckhart:
Kampf dem Unkraut.

Titel Die Brennessel Nr. 28/1932 (13. Juli).

Ein SA-Mann mit Hakenkreuz-Armbinde mäht aus dem Boden sprießende Köpfe mit SPD-Ballonmützen und Zentrums-Priesterhüten wie „Unkraut" hinweg. Die Karikatur erschien eine Woche vor dem sogenannten „Preußenschlag" (vgl. Abb. 147).

147

Sepp Plank:
Große Geste eines kleinen Mannes.

Titel Die Brennessel Nr. 31/1932 (3. August).

Eine übergroße Hand schnipst einen kleinen Carl Severing, den preußischen Innenminister, der die drei Pfeile der „Eisernen Front" in den Händen hält, vom Blatt. Damit jubiliert die nationalsozialistische *Brennnessel* über den sogenannten „Preußenschlag" vom 20. Juli 1932, an dem Reichskanzler von Papen mit Hilfe des Notstandsartikels 48 der Reichsverfassung den preußischen Ministerpräsidenten Otto Braun und seinen Innenminister Carl Severing absetzte, weil sie unfähig zur Aufrechterhaltung der Ordnung gewesen seien. Severing hatte erklärt, daß er nur der Gewalt weichen wolle, und wurde daraufhin von Militär zum Verlassen seines Amtszimmers aufgefordert.

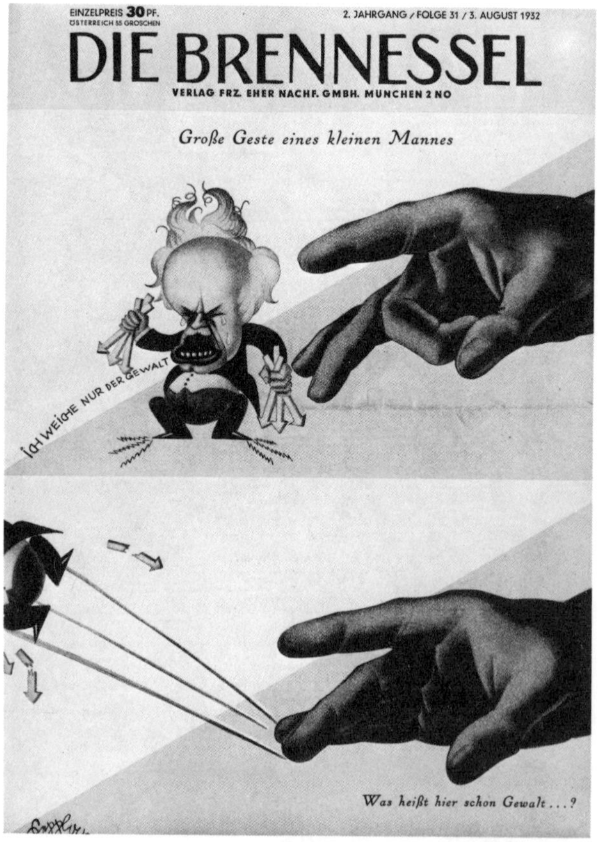

148

Tes.:
„Einheitsfront“.

Brennessel Nr. 9/1933 (1. März).

Von zwei heftig schaukelnden Ruderbooten mit Arbeiterbesatzungen und den Emblemen der KPD und der „Eisernen Front“ versuchen Ernst Thälmann, der Vorsitzende der KPD, und Otto Wels vom Parteivorstand der SPD einander die Hand zu reichen, ziehen sich dabei aber gegenseitig über Bord. Die Unfähigkeit der linken Parteien zur „Einheitsfront“ wird damit schadenfroh kommentiert. Thälmann wurde zwei Tage nach Erscheinen der Karikatur verhaftet und später ermordet; Wels ging im Mai ins Exil (vgl. Abb. 149).

„Einheitsfront“

149

Hans Lindloff:
Der Wels auf dem Trockenen.

Kladderadatsch Nr. 21/1933 (21. Mai).

Der Parteivorsitzende Otto Wels sitzt als Neptun mit Ballonhut, Badehose und Dreizack – doppeldeutig auch als Symbol der „Eisernen Front“ – allein auf dem Dach eines Hauses, das aus einem Meer herausragt, in dem Ballonmützen als Zeichen für untergegangene Sozialdemokraten schwimmen. Wels war neben anderen Vorstandsmitgliedern von der Partei in den ersten Maitagen ins Exil nach Saarbrücken geschickt worden, wo sich ein Exilvorstand formierte, der nach Ansicht des *Kladderadatsch* ohne Rückhalt war.

(Der Parteivorstand der S.P.D. hat sich selbst wiedergewählt.)

Der Wels auf dem Trockenen

150

Mjölnir (Hans Schweitzer): Mit verteilten Rollen.

Titel Brennessel Nr. 26/1933 (28. Juni).

Ein unter einer sozialdemokratischen Friedenstaube postierter, gefälliger Paul Löbe, langjähriger Reichstagspräsident, wird mit einem zornesroten Parteivorsitzenden Otto Wels, hinter dem ein sozialdemokratischer Drachen mit der Aufschrift „II. Internationale" faucht, kontrastiert. Während Löbe nach Hitlers Machtergreifung in Berlin geblieben war, war Wels ins Exil nach Saarbrücken und Prag gegangen, wo er den „Sopade"-Vorstand mitbegründete, dem der Berliner Rumpfvorstand die Mandate aberkannte. Der *Kladderadatsch* wirft Löbe, der vor illegaler Parteiarbeit warnte, Scheinheiligkeit vor und rechtfertigt damit die gleichzeitig mit dem Erscheinen der Karikatur erfolgende Verhaftung Löbes.

EINZELPREIS 30 PF.
AUSLAND 35 PFENNIG

3. JAHRGANG / FOLGE 26 / 28. JUNI 1933

DIE BRENNESSEL

VERLAG FRZ. EHER NACHF. GMBH. MÜNCHEN 2 NO

Mit verteilten Rollen – –

In Berlin: „Loyale Mitarbeit!"

In Prag und Saarbrücken: „Tod der Hitlerpest!"

151

Hans Lindloff: Die Dreckschleuder.

Kladderadatsch Nr. 26/1933 (25. Juni).

Drei Sozialdemokraten beladen eine mit „Vorwärts" beschriftete Schleuder, die auf die durch ein Hakenkreuz gekennzeichnete deutsche Grenze gerichtet ist, mit Dreck. Der SPD-Vorstand hatte seinen Sitz am 2. Juni 1933 endgültig nach Prag verlegt, von wo Friedrich Stampfer den *Neuen Vorwärts* herausgab.

Die Dreckschleuder

Die SPD. hat ihren Sitz nach Prag verlegt und ihre alte Tätigkeit wieder aufgenommen

152

Sepp Plank:
Bei der II. Internationale in Paris.

Brennessel Nr. 52/1933.

Rudolf Breitscheid, ins Exil gegangener ehemaliger SPD-Fraktionsvorsitzender, läuft mit einer sich abwickelnden Rolle Toilettenpapier auf den Betrachter zu. Das Papier soll dem Beitext nach den „(Neuen) Vorwärts“ darstellen, der tatsächlich in Miniaturausgaben auf Seidenpapier gedruckt und im ersten Jahr seines Erscheinens in zwei Millionen Exemplaren nach Deutschland geschmuggelt wurde.

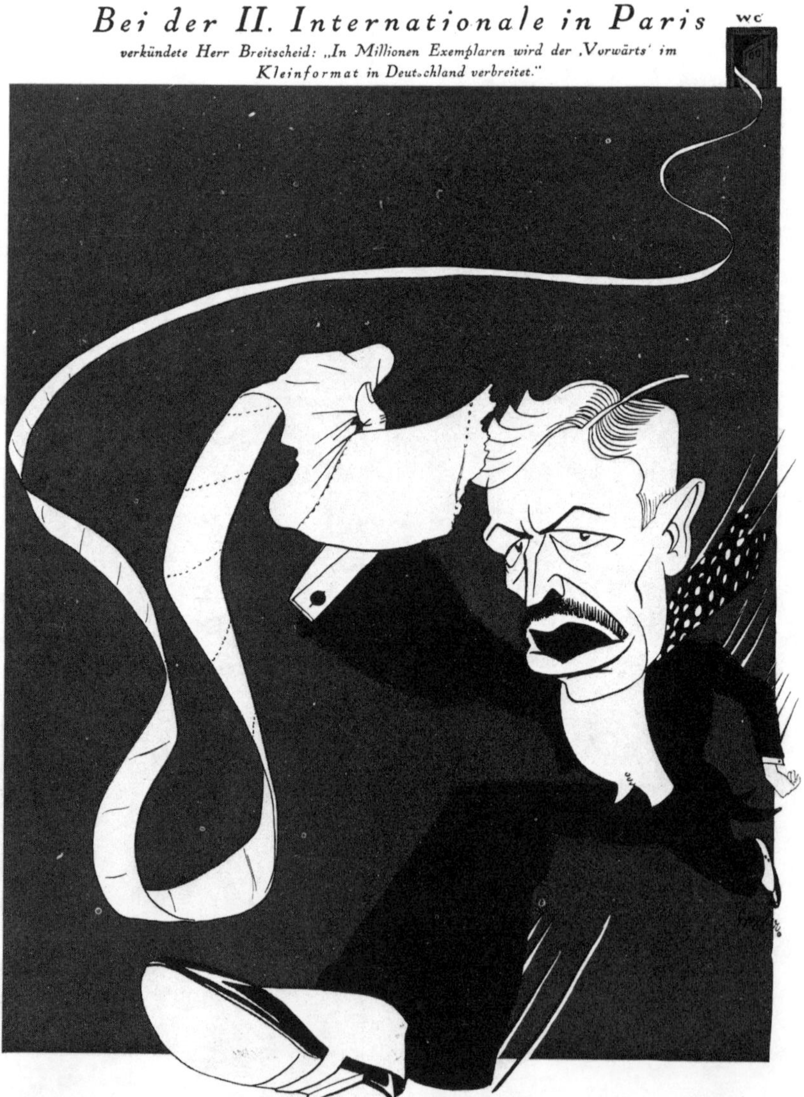

WIESO „VORWÄRTS“?

153

R. v. R.:
Ausgedient!

Titel Die Natter Nr. 17/1933.

Ein Arbeiter trägt die mumifizierte Allegorie der Republik mit der die Sozialdemokratie symbolisierenden phrygischen Mütze und den Aufschriften der Parteien in einen Keller. *Die Natter* illustriert so die Aus- bzw. Gleichschaltung aller Parteien nach der nationalsozialistischen Machtergreifung.

154

Oskar Garvens:
Der Saarblinddarm.

Kladderadatsch Nr. 7/1935.

Ein Blinddarmfortsatz mit aufgesetzter Ballonmütze im Einmachglas; ein Hinweis auf das Ende vieler sozialdemokratischer Exilanten im Saargebiet, das sich bei der Abstimmung am 13. Januar 1935 von der französischen Verwaltung lossagte und die Angliederung an das Deutsche Reich befürwortete.

155

**Oskar Garvens:
Der Bauchredner.**

Kladderadatsch Nr. 11/1933 (12. März).

Karl Marx als Riese mit Ballonmütze hält auf seinen Knien die sich zur Sozialdemokratie bekennenden Schriftsteller Thomas und Heinrich Mann, die aus dem Exil gegen den Nationalsozialismus arbeiteten (vgl. Abb. 62, 172).

Der Bauchredner

und seine Puppen

Unter einem alten Hut

Die SPD vom Kriegsende bis zur

Präsidentschaft Heinemanns

1945–1969

Unter einem alten Hut

Als sich mit dem Ende des zweiten Weltkrieges im Mai 1945 auch die führenden Sozialdemokraten im Exil und in Deutschland wieder öffentlich zu organisieren begannen, blieb dies von der Bildsatire zunächst unbemerkt. Denn die letzten Karikaturzeitschriften hatten aufgrund von Papiermangel ihr Erscheinen im Jahre 1944 einstellen müssen; Neugründungen mit überregionalem Charakter entstanden erst im Dezember 1945, als der *Ulenspiegel* im Ostsektor Berlins herauskam, zu dem sich 1946 die Zeitschrift *Frischer Wind* gesellte. Während der erstere zwar anti-westlich, insgesamt jedoch linksliberal eingestellt war, bezog der letztere eine kompromißlose kommunistische Position, veröffentlichte aber auch viele Nonsense-Karikaturen. Der ebenfalls 1946 entstandene *Simpl,* eine Nachahmung des *Simplicissimus,* der selbst erst wieder ab 1954 erschien, blieb politisch desinteressiert bzw. harmlos.

Schon das dritte Heft von *Frischer Wind* beschreibt die gespannte Situation zwischen den Parteien im Ost- und in den Westsektoren als „Circus" (Abb. 156). Während im Westen der ehemalige Reichstagsabgeordnete Dr. Kurt Schumacher mit seinem „Büro" gegen ein Zusammengehen mit der KPD arbeitete, vereinigten sich im Ostteil Berlins SPD und KPD im April 1946 zur „Sozialistischen Einheitspartei", zur SED, und wählten Wilhelm Pieck und Otto Grotewohl zu ihren Vorsitzenden. Die Ostberliner Zeitschriften griffen Schumacher wegen seiner starren Haltung gegenüber den Kommunisten an und warfen ihm Hintertreibung der Wiedervereinigung vor (Abb. 157). Eine etwas ausgeglichenere Schuldzuweisung zeigte der *Ulenspiegel* im Februar 1948 auf einer Titelseite (Abb. 158): Schumacher und Pieck treten dort als Liebespaar auf, das sich auseinandergelebt hat. Ein Jahr später wurde in der selben Zeitschrift das Grundgesetz der Bundesrepublik angeprangert, an dessen Erarbeitung Schumachers SPD, vor allem der Staatsrechtler Carlo Schmid, maßgeblich beteiligt waren (Abb. 159). Für den Zeichner Kuron-Gogol war die Verfassung ein Ungetüm aus Kapitalismus und Militarismus, das von einem gequälten Sozialdemokraten mitgetragen wurde.

Als Erich Ollenhauer nach dem Tod Schumachers im Jahr 1952 den Platz des Parteivorsitzenden einnahm, atmeten einige Karikaturisten auf. Schumacher war, im Gegensatz etwa zu Bebel oder Ebert, keiner gewesen, den man leichten Herzens karikierte, dafür war die Biografie des einarmigen Kriegsversehrten und KZ-Insassen zu sehr von Leid geprägt. Ollenhauer aber war da anders, ihm wurde bereits 1957 eine eigene Karikatur-Monographie gewidmet (s. Lit.verz.). Zum Spott gereichten ihm allein schon der gedrungene Körper, die Brille und die Haartracht, aus der die Zeichner – wie einst bei Bismarck (vgl. Abb. 18, 23, 31) – oft nur drei, dafür aber energisch gewellte Haare übrigließen. Zudem haftete Ollenhauer der Odus des „ewigen Oppositionellen" an. Sein Mißerfolg wurde mit dem der Partei gleichgesetzt, die seit der ersten Bundestagswahl von 1949 trotz Stimmenzuwachs im Jahr 1953 hinter den Unionsparteien rangierte. Der Spott auf Ollenhauer kam dann auch aus dem unionsfreundlichen *Simplicissimus,* für den der Parteivorsitzende eine der wichtigsten Inspirationsquellen war. Der Spott kam immer häufiger aber auch aus der Tagespresse, die verstärkt eigene Zeichner für Leitartikelillustrationen unter Vertrag nahm, was umgekehrt natürlich die Existenz eines reinen Satireblattes erschwerte.

Für die *Ruhr-Nachrichten* setzte Peter Klipp im März 1955 noch einmal das Verhältnis zur SED ins Bild (Abb. 160). Im Jahre 1949 war auch die DDR proklamiert worden, und ihr Ministerpräsident Otto Grotewohl stellte nun laut Karikatur Schmid und Ollenhauer nach, um den Widerstand der SPD gegen eine Wiederbewaffnung für sich auszunutzen. Mit den beiden Themen Wiederbewaffnung und Wiedervereinigung wurde die Partei ständig konfrontiert. Vor allem in der Gegenüberstellung Ollenhauers mit Bundeskanzler Konrad Adenauer – die visuell wie füreinander geschaffen waren – wurden die unterschiedlichen Positionen in der Außenpolitik deutlich: die Regierung setzte auf den Beitritt zur NATO, der im Mai 1955 erfolgte, die SPD forderte im „Deutschen Manifest" vom Januar 1955 eine Viermächtevereinbarung über die Wiedervereinigung und warnte vor der Wiederbewaffnung in beiden Teilen Deutschlands. Das führte in der Karikatur zu komischen Konstruktionen (Abb. 161). Adenauer und Ollenhauer prallten als ungleiches Paar auch in der Frage der allgemeinen Wehrpflicht aufeinander, die von der SPD abgelehnt, dann aber gegen ihre Stimmen im Juli 1956 eingeführt wurde (Abb. 162).

Hoffnungen der SPD für die Bundestagswahl im September 1957 begegneten die Unionsparteien mit einem harten Wahlkampf, in dem eine Karikatur den alten Topos des gottlosen roten Teufels wieder aufgriff (Abb. 163). Nach dem enttäuschenden Wahlergebnis sah sich die Partei gezwungen, auf neue Wählerschichten zuzugehen. In einer Zeichnung Josef Sauers für den *Simplicissimus* flog der Marxismus deshalb schon 1957 in Form einer Marx-Büste über Bord des „roten Ballons" (Abb. 164), zwei Jahre vor Verabschiedung des „Godesberger Programms", das tatsächlich eine dementsprechende Neuorientierung brachte, woraufhin im Spottbild auch noch die rote Farbe aus der Parteifahne gewaschen wurde (Abb. 165). Nach einer vielbeachteten Bundestagsrede Herbert Wehners im Juni 1960 war offiziell, daß die SPD in Zukunft sogar die bisher umstrittene Bündnispolitik und die Landesverteidigung akzeptieren würde. Das barg insofern Zündstoff, als die Partei stark in der Anti-Atom-Bewegung engagiert gewesen war und man sie nun mit der Frage nach der atomaren Ausrüstung der Bundeswehr in Bedrängnis bringen konnte – was prompt geschah, indem der frischgebackene Kanzlerkandidat Willy Brandt für ein fiktives Wahlplakat neben eine Atombombe plaziert wurde (Abb. 166).

Willy Brandt war schon als Regierender Bürgermeister von Berlin ein Objekt der Karikaturisten gewesen und rückte nun auch bundesweit stärker in den Blickpunkt. Im Jahr 1963, in dem das 100jährige Bestehen der organisierten Sozialdemokratie gefeiert wurde, war er sogar für den Zeichner Hicks von der *Welt* die Identifikationsfigur der Partei (Abb. 167). Als er Anfang 1964 auch noch den Parteivorsitz des verstorbenen Ollenhauer übernahm, war er so populär, daß ihm die Karikatur-Monographie „Brandtmarkungen" gewidmet wurde, für die der Happening-Künstler Wolf Vostell ein skurriles Layout erstellte (s. Lit.verz.). Dennoch ließ die Zeichner das hundert Jahre alte Problem des richtigen Hutes – und damit des richtigen Programms – für die SPD nicht los (Abb. 169). Man hatte sich seit Beginn der 60er Jahre so sehr an die Unionsparteien angenähert, daß man von ihr kaum noch zu unterscheiden war, wie in einer Titelkarikatur des *Simplicissimus* deutlich wird (Abb. 168). Auch die 1961 gegründete *Pardon* sah dies so, deren anarchistische Tendenzen für Wirbel in der erstarrten Presselandschaft sorgten und die außerparlamentarische Bewegung mit vorbereiteten.

Die „Große Koalition" von 1966 unter Bundeskanzler Kiesinger und Vizekanzler Brandt trug der innerparteilichen Entwicklung Rechnung. Da sie u.a. auch zur gemeinsamen Beratung der Notstandsgesetze gebildet worden war, sah sich Arno Ploog in *Pardon* veranlaßt, aus den (sich im Original freundschaftlich umfassenden) Händen der Fahne Lassalles einen Schraubstock zu machen, der einen Menschen zerquetscht (Abb. 170). Neben der erstmaligen Regierungsbeteiligung nach dem zweiten Weltkrieg war auch die Wahl des SPD-Mannes Gustav Heinemann zum Bundespräsidenten im März 1969 ein wichtiger Schritt auf dem Weg zum Machtwechsel (Abb. 171). Heinemann wurde dadurch zur Leitfigur des Erfolgs, der sich mit dem Näherrücken der Wahlen im September 1969 immer mehr abzeichnete.

156

Pinguin:
Ent-illusionierung.

Frischer Wind Nr. 3/1946 (15. Mai).

Ein Clown gibt einem Elefanten die Anweisung, ein Gewicht mit der Aufschrift „SED" aus der Arena des „Circus Schumacher" zu transportieren, was diesem jedoch nicht gelingt. Am 21./22. April 1946, wenige Wochen vor dem Erscheinen dieses Bildes im kommunistisch orientierten *Frischer Wind,* hatten sich in der Ostzone SPD und KPD zur *Sozialistischen Einheitspartei (SED)* zusammengeschlossen, die Schumacher und die West-SPD als „Zwangsvereinigung" ablehnten.

Ent—Illusionierung

„Ich glaube, wir haben die Sache doch zu leicht genommen!"

157

Georg Wilke:
Ein sonderbarer Schuhmacher.

Frischer Wind Nr. 39/1947 (19. November).

Ein ironisch bei seinem Namen genommener SPD-Vorsitzender Dr. Kurt Schumacher zieht seinen „Landsleuten" (Unterzeile) jeweils den linken Schuh aus. Wilke beschreibt damit das Desinteresse der SPD in den drei Westzonen an der Linken im Ostsektor und unterstellt Bestrebungen gegen eine Wiedervereinigung.

„Die Aufteilung Deutschlands ist eine bereits vollendete Tatsache."
Dr. Schumacher in San Franzisko

Ein sonderbarer Schuhmacher

„So, Landsleute, lauft ihr besser!"

158

Herbert Sandberg:
Die sozialistische Zweiheit.

Titel Ulenspiegel Nr. 4/1948.

Kurt Schumacher, der Vorsitzende der SPD, und Wilhelm Pieck, zusammen mit Otto Grotewohl Vorsitzender der SED, sitzen bei stimmungsvoller Dämmerung gemeinsam auf der Bank „Deutschland", wollen die unterlegte Silhouette eines Liebespaares jedoch nicht ausfüllen, sondern wenden sich voneinander ab. Damit deutet sich die Trennung an, die mit der Gründung der Bundesrepublik unter Mitwirkung der SPD und der Proklamierung der DDR durch Pieck und Grotewohl endgültig besiegelt wurde.

159

Viktor Kuron-Gogol: Unser Scherflein für den Frieden.

Ulenspiegel Nr. 12/Juni 1949.

Vertreter von CDU, CSU, FDP und SPD mit Narrenkappen tragen im Laufschritt eine monströse Figur auf einer Sänfte „nach Paris“ (Bildtext), die mit der Schärpe „Grundgesetz“ versehen ist und aus einem Tresorkörper mit Geldsäcken in den Händen und dem Kopf des Kriegsgottes Mars gebildet ist. Am 8. Mai 1949, im Monat vor der Publikation der Zeichnung, hatte der Parlamentarische Rat das Grundgesetz angenommen und den Alliierten („nach Paris“) vorgelegt. Der sozialdemokratische Staatsrechtler Carlo Schmid, der in der Unterzeile zitiert wird, war zwar maßgeblich beteiligt gewesen, hielt das Ergebnis aber dennoch für ein „Provisorium“. Aus der Sicht des kommunistischen Zeichners Kuron-Gogol stellte es eine Mischung aus Kapitalismus und Militarismus dar.

„Bonn ist nur ein Torso ...“
sagte Professor Carlo Schmid

160

Peter Klipp: Ohne Titel.

Ruhr-Nachrichten, März 1955.

Otto Grotewohl, Ministerpräsident der DDR, versucht vergeblich, zwei vor ihm weglaufende Hühner anzulocken: Erich Ollenhauer, seit Schumachers Tod im Jahre 1952 Parteivorsitzender, und Prof. Carlo Schmid, sozialdemokratischer Völkerrechtler. Grotewohl will vermutlich den Widerstand der SPD gegen die Wiederbewaffnung der Bundesrepublik für seine Zwecke ausnutzen. Kurz später, am 9. Mai, trat die Bundesrepublik gegen die Stimmen der SPD der NATO bei.

161

Herbert Kolfhaus:
An der außenpolitischen Gleisbaustelle.

Münchener Merkur, 3. Dezember 1955.

Von zwei Seiten aus werden aufeinanderzulaufende, sich aber nicht genau treffende Gleise der „Wiedervereinigung" (Aufschrift) verlegt: von links die der „Westpolitik" von Bundeskanzler Konrad Adenauer und seinem Innenminister Gerhard Schröder, und von rechts die der „SPD-Konzeption" durch den Parteivorsitzenden Erich Ollenhauer. Die SPD hatte im Januar des Jahres ein „Deutsches Manifest" beschlossen, das vor der Wiederbewaffnung warnte und eine Viermächtevereinbarung über die Wiedervereinigung forderte, während sich die Unionsparteien auf die Zusammenarbeit mit den drei Westmächten konzentrierten.

162

M. Szewczuk:
Ohne Tritt – Marsch!

Die Welt, 7. Juli 1956.

SPD-Vorsitzender Erich Ollenhauer in Zivil und Bundeskanzler Konrad Adenauer in altmodischer Uniform prallen unter dem Spruchband „Wehrdebatte“ im Stechschritt heftig aufeinander. Die Karikatur erschien genau an dem Tag, an dem das Gesetz zur allgemeinen Wehrpflicht gegen die Stimmen der SPD angenommen wurde.

OHNE TRITT — MARSCH!

163

Manfred Oesterle:
Auf in den Kampf!

Titel Simplicissimus Nr. 26/1957.

Bundeskanzler Konrad Adenauer vor einem Wahlplakat, auf dem der Oppositionsführer Erich Ollenhauer als kreuzverschlingender, bocksbeiniger roter Teufel erscheint (vgl. Abb. 68, 175). Der Wahlkampf für die Bundestagswahlen am 15. September 1957 wurde besonders hart geführt, weil Meinungsumfragen die SPD als Sieger erwarteten, zumal sie sich in diesem Jahr besonders – entgegen der Bildunterschrift – als Partei der Anti-Atom-Bewegung hervorgetan hatte. Trotz Stimmenzuwachses der SPD erreichte jedoch die CDU/CSU eine knappe absolute Mehrheit.

Preis 60 Pfg.

SIMPLICISSIMUS

Jahrgang 1957 Nummer 26 — Herausgegeben von Olaf Iversen — München, den 29. Juni 1957

Auf in den Kampf!

Zeichnung: Manfred Oesterle

„Dat Plakat muß noch besser werden, mein Lieber: Malen Sie dem Kerl noch einen zweiten Bocksfuß und klemmen Sie ihm 'ne Atombombe untern Arm!"

164

Josef Sauer:
Unter einem alten Hut.

Simplicissimus Nr. 50/1957.

Der wörtlich genommene, flickenbesetzte „alte“ Ballonhut zieht einen vielbemannten Korb, in dem um den Parteivorsitzenden Erich Ollenhauer herum ein heftiger Kampf tobt, bei dem eine Karl-Marx-Büste über Bord geht. Nach dem enttäuschenden Wahlausgang von 1957 war der SPD klar, daß eine Neuorientierung wegen fehlender Wählerschichten nicht nach links erfolgen konnte. Die kurz nach der Wahl erschienene Karikatur bereitet geradezu das „Godesberger Programm“ von 1959 vor.

Unter einem alten Hut

Zeichnung: Josef Sauer

„Genossen, ich hab's: Alles aussteigen! Dann geht's schon wieder aufwärts.“

165

Henry Meyer-Brockmann: „Brüder, seht, die rote Fahne ...“.

Simplicissimus Nr. 40/1959 (3. Oktober).

Der Partei- und Fraktionsvorsitzende Erich Ollenhauer und die beiden stellvertretenden Fraktionsvorsitzenden Carlo Schmid (oben) und Herbert Wehner (rechts) haben unter dem Gesang des bekannten Liedes (Titel) die rote Fahne der SPD so lange geschrubbt, daß sie rosa geworden ist. Die Karikatur erschien während der heftigen, auch in der Öffentlichkeit ausgetragenen Debatten über ein neues Programm, das im Monat darauf als „Godesberger Programm“ verabschiedet wurde und durch seine Offenheit nach allen Seiten das Ende der reinen Arbeiterpartei signalisierte.

„Brüder, seht, die rote Fahne ...“

Zeichnung: H. M.-Brockmann

„Oft dürfen wir sie nicht mehr waschen, sonst sieht sie womöglich wie 'ne weiße aus.“

166

Hanns Erich Köhler:
Nach-Appell von Hannover.

Titel Simplicissimus Nr. 51/1960.

Willy Brandt, frischgebackener Kanzlerkandidat der SPD und Regierender Bürgermeister von Berlin, ist von Herbert Wehner (mit Pfeife) und Erich Ollenhauer neben eine Atombombe postiert worden. Der im Titel zitierte, auf dem Parteitag in Hannover beschlossene „Appell“ beinhaltete hauptsächlich innenpolitische Forderungen. Die Haltung der Partei zu militärischen Fragen wird per Spottbild nachgereicht, was einigen innerparteilichen „Zündstoff“ birgt. Denn nach der Korrektur der Außenpolitik durch die Bundestagsrede Wehners stellte sich für die ehemalige Anti-Atom-Partei der 50er Jahre verstärkt die Frage nach der Akzeptanz der atomaren Ausrüstung der Bundeswehr, die man nicht generell ablehnte, aber auch nicht forderte. Der Zeichner Köhler legt den Finger genau auf die Wunde, in der auch die Unionsparteien immer wieder rührten.

„Schade, daß uns Adenauer deine Aufnahme mit dem Heiligen Vater vermasselt hat – das hätte ooch 'n gutes Wahlplakat gegeben!“

167

Hicks:

Festaufführung „My Fair Lady".

Die Welt 1963
(hier Nachdruck aus:
„Brandtmarkungen").

Ein eleganter Willy Brandt fordert die Sozialdemokratie zum Tanz auf. In Anlehnung an das im Titel zitierte Stück von George Bernard Shaw hat sie sich von einem bärtigen Alten mit Ballonhut, der jetzt mit seinem Jubiläumsschild „links liegengelassen" wird, zu einer attraktiven, modisch gekleideten Dame entwickelt, der allerdings das Gesicht fehlt. Im Hintergrund sind Erich Ollenhauer und Herbert Wehner erkennbar.

Festaufführung „My Fair Lady"

168

Josef Sauer:
Des deutschen Wählers Weihnachtsmänner.

Titel Simplicissimus Nr. 26/1964 vom 19. Dezember 1964.

Als Zeichen der Annäherung der Unionsparteien und der Sozialdemokratie bieten die als Weihnachtsmänner verkleideten Bundeskanzler Ludwig Erhard (CDU) und Parteivorsitzender Willy Brandt dem staunenden deutschen Michel genau die gleichen Versprechungen für das Wahljahr 1965.

169

H. Weber: Kopfbedeckungszerbrechen.

Simplicissimus Nr. 23/1965.

Der stellvertretende Fraktionsvorsitzende Herbert Wehner, der Fraktionsvorsitzende Fritz Erler und der Hamburger Innensenator Helmut Schmidt versuchen mit der Wahl des richtigen Hutes das richtige Programm für die Bundestagswahl vom September 1965 zu treffen. Trotz Stimmenzuwachses auf 39,3 Prozent kam das Ergebnis einer Enttäuschung gleich, weil sich die CDU auf 47,6 Prozent verbesserte (vgl. Abb. 218).

Kopfbedeckungszerbrechen

„Sollten wir vielleicht doch auf die da zurückkommen?"

170

Arno Ploog:
Einig, einig über alles ...

Pardon Nr. 1/Januar 1967.

Umgeben von Putten, ironischen Spruchbändern zur Notstandsgesetzgebung und einem Lorbeerkranz zerquetschen die sich im Original freundlich umfassenden Hände der Fahne Lassalles einen Menschen. Sie stehen für die „Große Koalition“ aus SPD und CDU, die sich unter Bundeskanzler Kurt Georg Kiesinger und Vizekanzler Willy Brandt am 1. Dezember 1966 zur Bewältigung wirtschaftlicher Probleme und Beratung der Notstandsgesetze gebildet hatte.

171

Ernst Maria Lang: Minifrühling in Bad Godesberg.

Süddeutsche Zeitung, März 1969.

Der Engel Gustav Heinemann, der als Vorbote einer neuen Zeit am 5. März 1969 mit den Stimmen von FDP und SPD zum neuen Bundespräsidenten gewählt worden ist, lichtet in Anlehnung an das bekannte Parteilied (Unterzeile) die Wolken für die Schar, die in den kommenden Kampf für die Bundestagswahl im September 1969 zieht: (von links) Karl Schiller, Willy Brandt, Georg Leber, Helmut Schmidt, Herbert Wehner, Horst Ehmke, Carlo Schmid und (im Gefolge) einige Jusos.

Minifrühling in Bad Godesberg

»Brüder, ein bißchen zur Sonne ...«

Ehre sei
Brandt in der Höhe!

Die sozial-liberale Koalition

1969–1974

Ehre sei Brandt in der Höhe!

Nach der Signalwirkung, die von der Wahl Gustav Heinemanns zum Bundespräsidenten ausging (vgl. Abb. 171), wurde der Wahlkampf des Jahres 1969 mit besonderer Spannung verfolgt. Mehr Künstler und Wissenschaftler denn je setzten sich für die SPD ein und gaben wieder einmal Anlaß zu Karikaturen, so z. B. der Schriftsteller Günter Grass, der sich damit zu den früher karikierten Gerhart Hauptmann (vgl. Abb. 62) und Thomas und Heinrich Mann (vgl. Abb. 155) gesellte (Abb. 172). Spektakulär war auch der Wahlkampf des Porzellanfabrikanten Philip Rosenthal, der in der *Pardon* als Christusfigur über das Wasser wandelte, was nicht nur auf das Kuriosum aufmerksam machen sollte, daß sich hier ein Unternehmer für die SPD engagierte, sondern letzten Endes auch etwas über die Ausstrahlung verriet, die von der SPD ausging (Abb. 173).

Die *Pardon* war seit der Einstellung des „Nachkriegs"-*Simplicissimus* im Jahre 1967 das führende Organ unter den Karikaturzeitschriften. Zeichner wie Horst B. Baerenz, Volker Ernsting, Arno Ploog, Chlodwig Poth, Hans Traxler und F.-K. Waechter trugen dazu bei, daß sich die Auflage von 180000 in der Mitte der 60er Jahre auf 360000 im Wahljahr 1969 verdoppelte. Das ist insofern um so erstaunlicher, als kaum mehr eine Tageszeitung oder Illustrierte ohne Karikaturisten war, so daß also Mangel an Satire nicht der Grund sein konnte. Die *Pardon* füllte dann auch eher eine politische Lücke, indem sie die Studentenbewegung und die außerparlamentarische Opposition (APO) publizistisch vertrat, daneben aber auch der SPD wohlgesonnene Karikaturen brachte. In der Schweiz erschienen im renommierten, 1875 gegründeten *Nebelspalter* die gezeichneten Kommentare Horst Haitzingers zum welt- und bundespolitischen Geschehen. Der *Vorwärts*, Parteizeitung seit 1876, brachte inzwischen sogar auf der Titelseite Karikaturen, die in der Tradition der Selbstdarstellungen der Jahrhundertwende stehen und meistens von Peter Leger stammten. Im „Zeitalter der Medien" war es den Zeichnern viel eher möglich als früher, ganze Politikermannschaften statt nur weniger im Vordergrund stehender Personen ins Bild zu bringen. So entstanden immer mehr Gruppen- oder auch „Wimmel"bilder.

Eine dieser mit Personen angefüllten Karikaturen ist der von Fritz Meinhard für die *Stuttgarter Zeitung* gezeichnete triumphale Einzug von Willy Brandts Gladiatoren in den Bundestag (Abb. 174). Sie erschien kurz nach der Wahl Brandts zum Bundeskanzler am 21. Oktober 1969 und konfrontierte ihn und einige Mitglieder seines Kabinetts mit den Wahlverlierern von der Union. Wie hier sollte auch in den kommenden Jahren der Vorsitzende des Koalitionspartners FDP, Vizekanzler und Außenminister Scheel, dem Bundeskanzler im Spottbild zur Seite stehen, und die Unionspolitiker Barzel, Strauß und Kiesinger ihn erbittert bekämpfen.

Wie zuvor nur Friedrich Ebert symbolisierte nun Willy Brandt die Republik und das Regierungsprogramm, das die Beziehungen zum Ausland neu definierte. So mußte Brandt so gut wie immer mit seiner Person für die auffallend zahlreichen Bilder zur Ostpolitik der SPD/FDP-Koalition herhalten. Im Zusammenhang mit dem Moskauer Vertrag, dem Warschauer Vertrag, dem Berlin-Abkommen und den deutsch-deutschen Verträgen erschien er u. a. in dem aus der frühen SPD-Karikatur bekannten Klischee des „roten Teufels" (Abb. 175). Es gab rein illustrative, politisch indifferente Zeichnungen wie die von Hanns Erich Köhler in der *Frankfurter Allgemeinen Zeitung* zur Anerkennung der Oder-Neiße-Linie als polnische Staatsgrenze (Abb. 176); fast liebevolle Bilder wie das zur Begegnung mit dem sowjetischen Staatssekretär Breschnew auf der Halbinsel Krim, von Ernst Maria Lang für die *Süddeutsche Zeitung* gefertigt (Abb. 177), oder gar mitleidsvolle Karikaturen, etwa die im *Nebelspalter* von Horst Haitzinger über die Sisyphusarbeit Brandts am DDR-Staatsratsvorsitzenden Walter Ulbricht (Abb. 178). Auch die Worte der schärfsten Gegner, die von „Ausverkauf Deutschlands" und „Landesverrat" sprachen, blieben nicht unberücksichtigt – allerdings zu Lasten derer, die sie benutzten (Abb. 179). Als der Bundeskanzler dann am 20. Oktober 1971 als Anerkennung seiner Verdienste mit dem Friedensnobelpreis geehrt wurde, kam dies für die *Pardon* fast einer Heiligsprechung gleich, die sofort auf einem Titelblatt ironisiert werden mußte (Abb. 180). Einige Kabinettsmitglieder durften in komischen Abwandlungen eigene Ehrungen entgegennehmen (Abb. 181).

Nach der Ostpolitik gerieten die Konjunkturpolitik und die Reformvorhaben der sozialliberalen Koalition zunehmend in das Visier der Zeichner. Die trotz wirtschaftlichem Wachstum und Vollbeschäftigung steigenden Preise, gegen die Finanzminister Alex Möller per Bild in den Ring geschickt wurde (Abb. 182), forderten eine Dämpfung der Nachfrage, die aber unweigerlich neue Arbeitslosigkeit und das Ende aller Reformpläne bedeutet hätte. So wurde Brandt wieder einmal stellvertretend in einer Karikatur Jupp Wolters für die *Stuttgarter Nachrichten* zwischen den Zielen der „Konjunkturdämpfung" und der „Reformaufgaben" fast zerrissen (Abb. 183). Wolter honorierte aber auch die Erfolge des Bundesministers für Arbeit und Sozialordnung, Walter Arendt, der 1972 die meisten Reformgesetze abgeliefert hatte (Abb. 184).

Differenzen in der Koalition entstanden, als die wachsenden Reformausgaben die Stabilität immer mehr gefährdeten. Nach dem Rücktritt von Finanzminister Möller aus konjunkturpolitischen Gründen übernahm Wirtschaftsminister Karl Schiller dessen Ressort, stieg zum „Superminister" für Wirtschaft und Finanzen auf und wurde prompt als bebrillter „Superman", amerikanischer comic strip-Held, karikiert (Abb. 185).

Die Stärke Willy Brandts wurde in ganz ähnlicher Tendenz mit Muskelkraft visualisiert. Kurz vor dem Mißtrauensvotum der Opposition vom 27. April 1972 erschien er auf dem Titel eines *Pardon*-Heftes als aufgeblasene Gummipuppe mit prallem Bizeps (Abb. 186). Er entschärfte jedoch deren ironische Tendenz, indem er den Mißtrauensantrag erfolgreich abwehrte. Ein andermal schlug er als Boxer im Ring der vorgezogenen Bundestagswahl vom 19. November 1972 seinen Kontrahenten mit dem besten Wahlergebnis in der Geschichte der SPD k.o. – mit 45,8 Prozent (Abb. 187). Die Brandt-Karikatur erreichte in diesem Jahr einen vorläufigen Höhepunkt. Nach der Karikaturen-Monographie „Brandtmarkungen" von 1965 erschien in diesem Jahr eine neue satirische Sammlung unter dem Titel „Brandtmeister" (s. Lit.verz.).

Der ersten Frau auf dem Posten des Bundestagspräsidenten, Annemarie Renger, widmete die *Pardon* 1974 eine wohlwollende Tiertravestie (Abb. 188). Als Rennen mit der SPD geriet die zunehmende Radikalisierung der jungen Linken ins Bild, die sich in der eigenen Jugendorganisation, den „Jusos", extremer aber noch im Anwachsen der kommunistischen Hochschulgruppen zu Beginn der 70er Jahre, bemerkbar machte (Abb. 189).

Die Reaktion auf diese Entwicklung, der sogenannte „Radikalenerlaß" von 1972, der die „Mitgliedschaft von Beamten in extremen Organisationen" regelte und zu „Berufsverboten" führte, trug zum beginnenden Vertrauensschwund bei. Dieser wurde nach dem Scheitern einiger Reformvorhaben, Verlusten bei Landtags- und Kommunalwahlen und dem Konflikt mit den Gewerkschaften bei der Tarifrunde im Frühjahr 1974 nur noch größer. Auf einem Titelblatt der *Pardon* erschien zu diesem Zeitpunkt ein geschrumpfter Willy Brandt auf einem viel zu großen Thron (Abb. 190). Als sich sein jahrelanger persönlicher Referent Günter Guillaume auch noch als Spion für die DDR herausstellte und Brandt am 6. Mai 1974 einen Rücktritt einreichte, verabschiedeten die Karikaturisten einen traurigen Bundeskanzler (Abb. 191).

172

Jupp Wolter:
Ohne Titel.

Sonntagsblatt August 1969 (Wiederabdruck: Der Spiegel Nr. 33/1969).

Der Schriftsteller Günter Grass im Wahlkampf vor einem Informationsstand mit „Es-Pe-De"-Schnittmuster, dessen verworrene Anordnung die Wähler verunsichert.

173

Volker Ernsting: Wandern für die SPD.

Pardon Nr. 8/1969.

Der Parteivorsitzende der CSU, Franz Josef Strauß, und der amtierende Bundeskanzler und neue Kanzlerkandidat von der CDU, Kurt Georg Kiesinger, beobachten fassungslos von einer Brücke aus, wie eine Christusfigur mit SPD-Aufschrift und Heiligenschein über das Wasser wandelt. Gemeint ist laut Beitext der Porzellanfabrikant Philip Rosenthal, der seinen Wahlkreis tatsächlich gewann.

Wandern für die SPD

Selb (SZ). Auf Schusters Rappen will der SPD-Kandidat für die Bundestagswahlen im Wahlkreis 47, Goslar/Wolfenbüttel, der Porzellanfabrikant Philip Rosenthal aus Selb/Bayern, auf Stimmenfang gehen. Rosenthal will bei seinen ausgedehnten Fußmärschen im Vorharzgebiet mit möglichst vielen Menschen über deren besondere Probleme diskutieren.

„Der also auch! Das hätte ich wirklich nicht für möglich gehalten!"

174

Fritz Meinhard:
Einzug der Gladiatoren.

Stuttgarter Zeitung
vom 22. Oktober 1969.

Mitglieder der siegreichen Koalitionsparteien von SPD und FDP ziehen als Gladiatoren unter abgewandeltem Motto („novaturi", Erneuerer, statt „moraturi", Todgeweihte) in den Bundestag ein. Im Triumphzug marschieren an den vergeblich ein „veto" von der Regierungsbank signalisierenden Rainer Barzel, Franz Josef Strauß und Kurt Georg Kiesinger von CDU und CSU von links nach rechts vorbei: Alex Möller, Helmut Schmidt, Karl Schiller, Walter Scheel und Willy Brandt.

Einzug der Gladiatoren: „Ave, Caesar, novaturi te salutant."

175

Horst Haitzinger: Ohne Titel.

Nebelspalter 1970 (Wiederabdruck: Brandtmeister S. 88).

Dem mit Zipfelmütze im Bett liegenden deutschen Michel erscheint in der Nacht Willy Brandt in Gestalt eines Gespenstes, in dem sich zwei SPD-Karikaturtraditionen vereint finden: Zum einen die des Teufels (vgl. Abb. 68, 163), und zum anderen die des an einer Stange befestigten Popanz (vgl. Abb. 4, 89), hier emporgehalten von den hinter der Bettkante versteckten Unionspolitikern Franz Josef Strauß, Kurt Georg Kiesinger und Rainer Barzel. Diese wandten sich 1970 vor allem gegen die Ostpolitik des Kabinetts Brandt.

176

Hanns Erich Köhler:
Die Unterschrift des Jahres.

Frankfurter Allgemeine Zeitung
Dezember 1970
(Wiederabdruck:
Brandmeister S. 27).

Willy Brandt zieht auf einer großen Landkarte mit einem Füller die Grenze zwischen der DDR und Polen entlang den Flüssen Oder und Neiße. Nach der Unterzeichnung des Moskauer Vertrages im August 1970 wurde als weiterer Schritt der Entspannung im Dezember 1970 der Warschauer Vertrag unterzeichnet, der die Oder-Neiße-Linie als „westliche Staatsgrenze der Volksrepublik Polen" akzeptierte. Gegner sahen darin den „Ausverkauf" ehemals deutscher Gebiete an Polen.

Die Unterschrift des Jahres

177

Ernst Maria Lang:
Nachkur auf der Krim.

Süddeutsche Zeitung September 1971 (Wiederabdruck: Der Spiegel Nr. 40/1971).

Über im Sand der russischen Halbinsel Krim vergrabenes Kriegsgerät der deutschen Wehrmacht laufen die nur mit Badehosen bekleideten Leonid Breschnew, sowjetischer Generalsekretär, und Bundeskanzler Willy Brandt im trauten Gespräch. Im Wasser des Schwarzen Meeres schleudert ein kleiner Egon Bahr, Staatssekretär im Bundeskanzleramt, einen aus dem zweiten Weltkrieg liegengebliebenen Wehrmachtshelm weit von sich. Das Treffen der Politiker fand nach der Unterzeichnung des Viermächteabkommens über Berlin im September 1971 auf Einladung Breschnews als Meinungsaustausch statt und wurde von den Westmächten skeptisch beobachtet. Der Zeichner Lang sieht weniger Grund zur Sorge als zur Freude.

Nachkur auf der Krim

178

Horst Haitzinger: Sisyphus!

Nebelspalter 1971 (Wiederabdruck: Brandtmeister S. 40).

Willy Brandt rollt in Anlehnung an den griechischen Mythos von Sisyphos den Felsbrocken der „Entspannungspolitik" einen steilen Berg mit den Zügen des DDR-Staatsratsvorsitzenden Walter Ulbricht empor. Da der Stein im Mythos kurz vor Erreichen des Gipfels stets wieder herunterrollt, gilt eine Sisyphos-Arbeit als unlösbare Aufgabe. Tatsächlich liefen die Verhandlungen über ein Berlin-Abkommen erst zufriedenstellender, nachdem der wenig konzessionsbereite Ulbricht im Mai 1971 von Erich Honecker abgelöst wurde.

Sisyphus!

179

Kurt Halbritter: Zeitgemäßer Christbaumschmuck.

Pardon Nr. 12/1971.

Vor einem Weihnachtsmarktstand, an dem Politikerfiguren als Christbaumschmuck verkauft werden, verlangt ein aufgebrachter Kunde „100 Brandt-Figuren", bezeichnet den Bundeskanzler als „Landesverräter" (Unterzeile) und erweist sich damit als Gegner der Ostpolitik der Bundesregierung. Die Karikatur gehört thematisch in die Reihe der „Weihnachtsbescherungen" (vgl. Abb. 7, 9, 63, 168).

„Sind Sie schwerhörig? 100 Brandt-Figuren, habe ich gesagt! Damit ich den Landesverräter endlich mal hängen sehe!"

180

Horst B. Baerenz: Ehre sei Brandt in der Höhe!

Titel Pardon Nr. 12/1971.

Bundeskanzler Willy Brandt mit Gloriole und Heiligenschein hat die Hände wie zum Gebet gefaltet und lächelt den Betrachter verschmitzt an. Aus den oberen Ecken stoßen kleine geflügelte, feuerspeiende Dämone mit den Zügen von Franz Josef Strauß (CSU) und Rainer Barzel (CDU) auf Brandt herab, dringen aber durch dessen Nimbus nicht durch. Die sakralisierende Zeichnung bezieht sich auf die Verleihung des Friedensnobelpreises an Brandt am 20. Oktober 1971, der damit für seine Bemühungen um Frieden und Entspannung in Mitteleuropa geehrt wurde.

181

Horst B. Baerenz:
Ehrung tut not!

(Ausschnitt).
Pardon Nr. 12/1971.

Im Anschluß an die Verleihung des Friedensnobelpreises an Willy Brandt werden auch anderen Mitgliedern der Bundesregierung fiktive Ehrungen nebst komischen Kommentaren für die von ihnen eingeleiteten Reformen zuteil, darunter Kanzleramtsminister Horst Ehmke, Verkehrsminister Georg Leber und Justizminister Gerhard Jahn.

Kanzleramtsminister Ehmke erhält den Goldenen Federkiel der Schutzgemeinschaft Deut. Behördenangestellter

Die Verleihungsurkunde: „Professor Dr. Horst Paul August Ehmke, geboren am 4. Februar 1927 in Danzig, verheiratet, 3 Kinder (Sabine, Cornelia, Hanns-Peter), hatte zu Beginn seiner Amtszeit zu Befürchtungen Anlaß gegeben durch seine Ankündigung, das Kanzleramt durch neumodische technokratische Ausstattungen wie Computer entscheidend rationalisieren zu wollen. Glücklicherweise hat der Ausgezeichnete inzwischen unsere Arbeitsmethoden weitgehend übernommen. – Kopien an: Vorstand (8), Archiv (2), Verbandsblatt (1), übrige Presse (6), Professor Parkinson (1)".

Bundesverkehrsminister Leber erhält den Großen Verdienstorden des Verbandes Deutscher Waggon-Hersteller

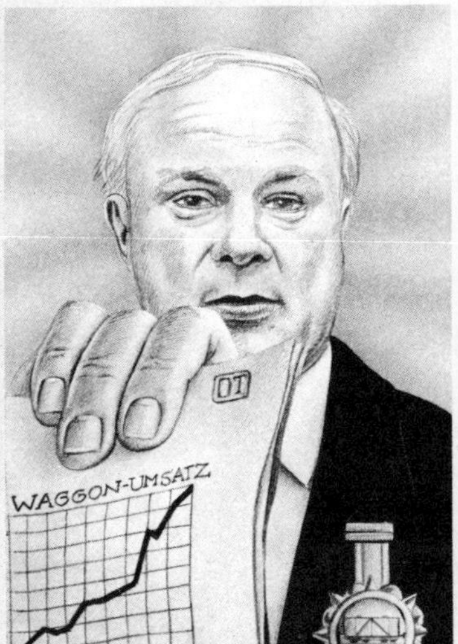

In der Verleihungsurkunde heißt es unter anderem: „Zahlreiche, von einer bösartigen Presse als ‚Zugunglücke' diffamierte Ereignisse haben uns zu einer unverhofften Umsatzsteigerung verholfen. Herr Leber wußte zu verhindern, daß durch übertriebene Sicherheitsbestimmungen bei der Bundesbahn der Verschleiß der von uns hergestellten Produkte auf ein Mindestmaß reduziert wurde. Aufgrund seiner eigensinnigen Entscheidungen, bei denen er sich durch sogenannte wissenschaftliche Erkenntnisse nicht irre machen läßt, ist weiterhin auf seine Hilfe zu zählen".

Justizminister Jahn erhält den „Engelmacher-Orden" des Ringvereins „Frauen in Not"

Der Orden wird Jahn an einem geheimgehaltenen Ort überreicht. Der Vorsitzende des Ringvereins, Peter Wursimell*, begründet dabei die auszeichnung Jahns mit folgenden Worten: „Durch seine konsequente Haltung bei der Abwendung entscheidender Reformen des Paragraphen 218 hat er wesentlich dazu beigetragen, uns unsere Einnahmequellen zu erhalten. Herr Jahn wird auch in Zukunft zu verhindern wissen, daß uns die Ärzte durch eine Legalisierung der Schwangerschaftsunterbrechung ins Handwerk pfuschen und unsere Hilfe überflüssig machen".

*) Der richtige Name des Laien-Gynäkologen ist bekannt.

182

Herbert Kolfhaus:
Ohne Titel.

Münchner Merkur Januar 1970
(Wiederabdruck:
Der Spiegel Nr. 4/1970).

Finanzminister Alex Möller wird von Bundeskanzler Willy Brandt und Wirtschaftsminister Karl Schiller zu einem Boxkampf gegen den Riesen „Preissteigerungen" in den Ring geschickt. Der sozialliberalen Regierung machten trotz wirtschaftlichen Wachstums und Vollbeschäftigung die steigenden Preise und Inflation zu schaffen, die bis dahin erfolgreich mit dem von Schiller erarbeiteten Stabilitäts- und Wachstumsgesetz kontrolliert worden waren. Möller trat ein Jahr später zurück, weil er die konjunkturpolitischen Entscheidungen nicht mittragen wollte; sein Ressort übernahm der hier noch sekundierende Schiller, der damit zum „Superminister" wurde (vgl. Abb. 185). (Zum Motiv des Boxringes vgl. Abb. 187.)

183

Jupp Wolter:
Ohne Titel.

Stuttgarter Nachrichten 1971
(Wiederabdruck:
Brandtmeister S. 64).

Willy Brandt hält sich mit Händen und Füßen an zwei Straßenbahnen fest, von denen die eine das Ziel „Konjunkturdämpfung", die andere die Fahrtrichtung „Reformausgaben" angibt. Da ihre Schienenwege auseinanderführen, muß es den Kanzler unweigerlich zerreißen, wenn er an beiden länger „festhält". Zur Bekämpfung der Inflation hätte die Regierung die Nachfrage dämpfen müsse, was allerdings neue Arbeitslosigkeit und das Ende aller Reformpläne bedeutet hätte, wozu man nicht bereit war.

„Also, Alex, mit der Öffentlichen Hand packen und — zack — aufs Kreuz legen!"

»Obacht, Kanzler! Möglicherweise zwickt es gleich ein bißchen!«

184

Jupp Wolter:
Ohne Titel.

Der Spiegel Nr. 16/1972.

Walter Arendt, der Bundesminister für Arbeit und Sozialordnung, zieht wie im Märchen als „graue Gans" die Regierungsmannschaft von SPD und FDP aus dem Sumpf des „Reformdilemma" (Bildtext). Von links nach rechts klammern sich aneinander: Wirtschaftsminister Karl Schiller, Bundeskanzler Willy Brandt, Kanzleramtsminister Horst Ehmke, Innenminister Hans-Dietrich Genscher, Außenminister Walter Scheel (beide FDP), Verteidigungsminister Helmut Schmidt, Justizminister Gerhard Jahn, Verkehrsminister Georg Leber, Familienministerin Käte Strobel und (der parteilose) Bildungsminister Hans Leussink (?). Arendt hatte nach zweieinhalbjähriger Arbeit mehr Reformgesetze als die anderen Kabinettsmitglieder abgeliefert, darunter solche zur Renten-, Kranken- und Arbeitslosenversicherung und zur Betriebsverfassung.

„Daß es ausgerechnet unsere graue Gans sein würde, die uns aus diesem Schlamassel rausziehen muß . . ."

185

Volker Ernsting: Wer rettet uns vor der Inflation?

87 cm langes Leporello aus Pardon Nr. 7/1971.

Karl Schiller in der Uniform der berühmten amerikanischen, Wunder vollbringenden comic strip-Figur „Superman". Schiller hatte kurz zuvor zu seinem Wirtschaftsministerium noch das Finanzressort des zurückgetretenen Alex Möller übernommen und galt deshalb als „Superminister" für Wirtschaft und Finanzen. Er trat als solcher ein Jahr später, im Juli 1972, wieder zurück, weil er mit seiner Forderung, die Steuern zu erhöhen und gleichzeitig bei den Ausgaben drastisch zu sparen, im Kabinett nicht durchkam. (Zur Superman-Karikatur vgl. Abb. 192.)

186

Anonym:

Ohne Titel.

Pardon Nr. 4/1972.

Willy Brandt läßt eine aufgeblasene Gummipuppe mit Krone, Waschmittelpackungskörper und den eigenen Gesichtszügen wie einen Drachen steigen. Ihre Größe, Aufschrift „Bonner Riese" und muskelprotzende Geste sind ironisch gemeint, da Brandts Mehrheit im Bundestag inzwischen so geschrumpft war, daß die Opposition unter Rainer Barzel am 27. April 1972 ein Konstruktives Mißtrauensvotum wagte. Die Karikatur erschien kurz vor dem Mißtrauensantrag, den Brandt knapp überstand, der aber Anlaß zur Ausschreibung von Neuwahlen gab.

187

Peter Leger:
Ohne Titel.

Vorwärts vom 23. November 1972.

Willy Brandt, der von einem erfreuten Vizekanzler Walter Scheel (FDP) sekundiert wird, schlägt im Boxring auf der großen Urne der „Bundestagswahl 1972" seinen Widersacher, den Kanzlerkandidaten Rainer Barzel von der CDU, so kraftvoll k. o., daß dieser oben aus dem Bild fliegt und dabei die Hose verliert, während sich sein Betreuer Franz Josef Strauß von der CSU grimmig am Seil festhält. Bei der Wahl am 19. November 1972, die nach dem erfolglosen Mißtrauensvotum gegen Brandt anberaumt worden war, erreichte die SPD mit 45,8 Prozent das beste Ergebnis in ihrer Geschichte und konnte die Koalition mit der FDP fortführen.

188

Alex Ignatius:
Pardon-Porträt des Monats.

Pardon Nr. 4/1974.

Die Sozialdemokratin Annemarie Renger, erste Frau auf dem Posten des Bundestagspräsidenten, in einer Travestie als Katze, die mit den Mäusen Franz Josef Strauß, Helmut Kohl, Alfred Dregger, Herbert Wehner und Hans-Dietrich Genscher spielt.

189

Fritz Behrendt:
Links überholt.

Frankfurter Allgemeine Zeitung 1973 (Wiederabdruck: Die rote Gefahr, S. 151).

Bundeskanzler Willy Brandt wird in seinem Mercedes von den „Jusos", den Jungsozialisten der eigenen Partei, mit einer „Ente" von links scharf überholt. Beide werden wiederum von einem offenen Lastwagen beim Überholvorgang von links gerammt, auf dem „Radikale", „Agitation" (Aufschrift) betreibende Demonstranten versammelt sind. Die Zeichnung aus konservativer Richtung prangert die Differenzen und Radikalisierung in der Linken an. Die SPD hatte aus dem Hochschulprotestpotential zunächst Stimmen schöpfen können, distanzierte sich dann aber zunehmend, als die Mitgliederzahlen der kommunistischen und linkssozialistischen Studentenorganisationen zu Beginn der 70er Jahre anstiegen und sich auch in der eigenen Jugendorganisation linkssozialistische Bestrebungen bemerkbar machten.

190

Alex Ignatius:
Kleiner Mann, was nun?

Titel Pardon Nr. 2/1974.

Willy Brandt ist auf seinem „Volkskanzler"-Thron zusammengeschrumpft, sein Gesicht ist sorgenerfüllt, die ironisch beschrifteten Orden nützen nichts mehr. Wenige Wochen vor dem tatsächlichen Rücktritt des Kanzlers (vgl. Abb. 191) beschreibt die Karikatur die Sackgasse, in die die Regierungskoalition geraten war: so waren aufgrund finanzieller Schwierigkeiten Reformvorhaben steckengeblieben, bei Landtags- und Kommunalwahlen Verluste verzeichnet worden und bei der Tarifrunde 1974 ein Konflikt mit den Gewerkschaften entstanden.

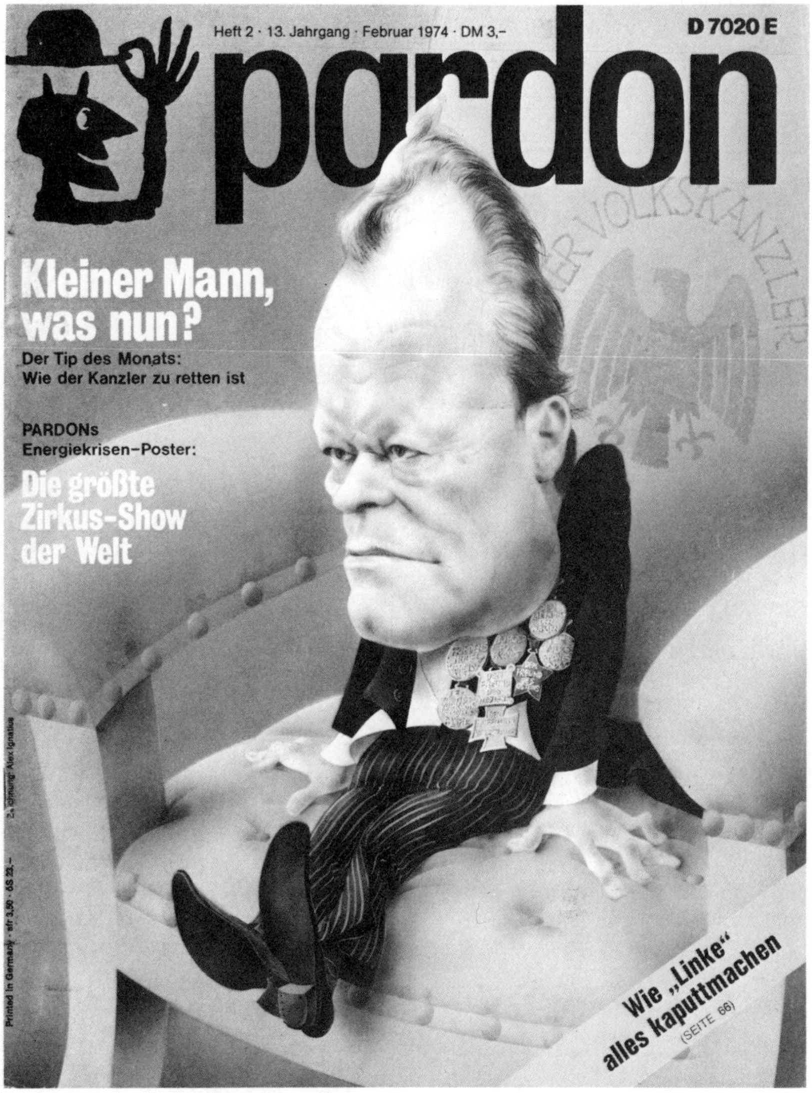

191

Ernst Maria Lang:
Der Kanzler nimmt den Hut.

Süddeutsche Zeitung Mai 1974 (Wiederabdruck: Der Spiegel Nr. 20/1974).

Ein niedergeschlagener Willy Brandt nimmt seinen Hut vom Regal und deckt dabei einen darunterhockenden Fledermausvampir mit den Zügen seines persönlichen Referenten Günter Guillaume auf. Nachdem sich dieser als jahrelanger Spion für die DDR herausgestellt hatte, übernahm Brandt die persönliche und politische Verantwortung und reichte am 6. Mai 1974 seinen Rücktritt ein.

Neue Sachlichkeit

Die sozial-liberale Koalition

bis zur Wende

1982

Neue Sachlichkeit

Als der Kanzlersessel nach Willy Brandts Rücktritt am 16. Mai 1974 auf Helmut Schmidt überging, erschien dieser wie der „Retter des Vaterlandes" und neuzeitlicher „Superman" (Abb. 192). So reibungslos der Wechsel funktionierte, er war mit Umbesetzungen des Kabinetts verbunden, die gleich mehrere Karikaturen vorstellten. Sie verbanden dies mit dem Hinweis auf die Aufgaben der neuen Regierung. Hanno Engler wies in seiner Zeichnung für die *Zeit* auf die „Pakete" Steuerreform, Mitbestimmung, Vermögensbildung, Humanisierung der Arbeitswelt und Berufliche Bildung (Abb. 195). Das Ganze war als gefährliche Ladung deklariert und dementsprechend mit der Warnung „Explosiv" versehen, da mit dem Haushalt vor allem seit der „Ölkrise" sparsamer umgegangen werden mußte. In Ernst Maria Langs Karikatur für die *Süddeutsche Zeitung* schnürte Helmut Schmidt dann auch einen großen Gürtel um sein Kabinett (Abb. 196). Für die Parteizeitung *Vorwärts* zog mit dem neuen Mann eine „neue Sachlichkeit" in das Bundeskanzleramt (Abb. 193): der Zeichner Peter Leger unterschied mit Schmidt klar zwischen „Politisch möglich" und „Ökonomisch machbar".

Wie Friedrich Ebert und Willy Brandt verkörperte auch Helmut Schmidt nicht nur das Programm seiner Partei, sondern deutsche Politik schlechthin. Er dominierte dementsprechend auch die Bildsatire, wurde dank seiner Popularität jedoch nicht so oft ebenso scharf attackiert wie seine Vorgänger. Der Spitzname „Schmidt-Schnauze" stand nicht nur sprichwörtlich, sondern auch bildlich für einen respektheischenden Führungsstil (Abb. 194). Als dann 1976 auch die Konjunkturpolitik Wirkung zeigte, war dem „Titelverteidiger" auch mit christdemokratischen Wahlkampfparolen wie „Freiheit oder Sozialismus" nicht beizukommen: die sozial-liberale Koalition konnte nach der Wahl vom 3. Oktober 1976 weiterregieren.

Innerparteiliche Kritik kam vor allem aus den Reihen der Jungsozialisten, die vom Parteivorstand, wie Walter Hanels Kommentar zeigt, diszipliniert wurden (Abb. 197). Die Karikatur läßt den Höhepunkt der Auseinandersetzung, den Parteiausschluß des gerade erst zum Juso-Vorsitzenden gewählten „Stamokap"-Vertreters Klaus-Uwe Benneter im Jahre 1977 vorwegahnen. Das rigorose Vorgehen entledigte weder die Partei noch die Koalition des Widerstands einer anderen jungen Organisation, der Partei der Grünen, die sich in den späten 70er Jahren immer mehr gegen die Kernenergie- und Umweltpolitik der Regierung engagierte, als Konkurrenz aber offensichtlich nicht ernst genommen wurde. Das belegt jedenfalls Hermann Matthes mit einer Zeichnung für *Pardon* (Abb. 198). Die Grünen kamen schließlich bei den Landtagswahlen in Bremen 1979 und in Baden-Württemberg 1980 erstmals über die 5-Prozent-Hürde.

Auf dem Parteitag im Dezember 1979 hatte Kanzler Schmidt die Parteimehrheit in den Fragen der Kernenergie und der Nachrüstung (der Zustimmung zum NATO-Doppelbeschluß) noch einmal „unter einen Hut" bekommen. Wie Egon Körbis Karikatur aus der Bielefelder Tageszeitung *Neue Westfälische* symbolisiert, handelte es sich dabei um die von Schmidt persönlich bevorzugte Kopfbedeckung, die Prinz-Heinrich-Mütze, und damit um die vom Kanzler verfochtene Ideologie (Abb. 199). Sie hat den traditionellen Ballonhut ausgestochen, mit dem zwei Parteilinke in Körbis Karikatur mißmutig hinter der Mehrheit hertrotten. Neben der Formierung der alternativen politischen Partei der Grünen machte sich also auch innerhalb der SPD ein Widerstand gegen die unter Schmidt propagierte Rüstungs- und Kernenergiepolitik bemerkbar, der aber erst später voll zum Tragen kam (vgl. Abb. 209). Immerhin war eine Titelkarikatur der *Pardon* zum Wahlkampf im Jahre 1980 schon mit „Das Stimmvieh muckt auf" bezeichnet (Abb. 200), auch wenn die sozial-liberale Koalition trotz aller Unkenrufe noch einmal eine Stimmenmehrheit erhielt.

Als Exponenten zweier scheinbar widerstreitender Profile der Partei wurden zu dieser Zeit Staatsminister Hans-Jürgen Wischnewski und der Landesvorsitzende in Baden-Württemberg, Erhard Eppler, ins Bild geholt (Abb. 201, 202). Hans-Joachim Gerboth und Wolfgang Salpeter stellten die beiden in ihrer *Prominenzyklopädie*, einem dreiteiligen „Verwandlungsbuch" über insgesamt 20 Persönlichkeiten, als „Mann der alten Garde" bzw. „linken Reformator" vor. Fast schon erwartungsgemäß lieferte auch der Fraktionsvorsitzende Herbert Wehner, der große Mann der Parteiorganisation, Stoff für Spottbilder, unter denen die zu seinen Wortneuschöpfungen bei Bundestagsreden zu den amüsantesten zählen (Abb. 203).

Es war kein Zufall, daß einige der genannten Bilder in der *Pardon* erschienen, da diese eine jahrelange Monopolstellung innehatte und ihre Auflage in den 70er Jahren auch auf etwa eine Viertelmillion festschreiben konnte. Konkurrenz kam erst im Jahre 1979 durch die neugegründete *Titanic* auf, für die dann allerdings einige Zeichner von *Pardon* arbeiteten, deren Auflage nun zwangsläufig sank, bis sie 1982 ihr Erscheinen ganz einstellte. Die *Titanic* erreichte nie ein so großes Publikum und kam auf knappe 100 000 Exemplare, vielleicht aufgrund des Mangels an politischer Aktualität, der durch Nonsense-Karikaturen wettgemacht wurde.

Mit einem Schreiben des Außenministers und Vizekanzlers Hans-Dietrich Genscher (FDP) über die Notwendigkeit einer „Wende" im September 1982 zeichnete sich das Ende der sozial-liberalen Koalition ab, das Helmut Schmidt am 17. September auch bekanntgab. Der folgende „Partnerwechsel" Genschers von Schmidt zu Helmut Kohl von der CDU fand seine Illustrierung in einer grotesken Parodie des Schlagers „Dadada" der minimal mit Instrumenten besetzten Gruppe „Trio", der damals ein Ohrwurm war und vom Text her wie für die lieblose Situation geschaffen schien (Abb. 204). Der Abgang Helmut Schmidts nach der Wahl Helmut Kohls zum Bundeskanzler durch ein Konstruktives Mißtrauensvotum am 1. Oktober 1982 fand dagegen eine geradezu klassische Bebilderung (Abb. 205). Sie lehnte sich an eine der berühmtesten Karikaturen aus dem englischen *Punch* aus dem Jahre 1890 an, die Reichskanzler Bismarck nach seiner Entlassung durch Wilhelm II. würdevoll von Bord des Regierungsschiffes gehen ließ (Abb. 206). Ähnlich ging auch der Lotse Helmut Schmidt von Bord, der den Vergleich sicher nicht von ungefähr bewirkt hat.

192

Horst B. Baerenz:
Der Retter des Vaterlandes.

Pardon Nr. 6/1974.

Helmut Schmidt schwebt als riesiger „Superman" mit einem Feuerlöscher über dem brennenden Bundeskanzleramt und löscht die Flammen. Der Sozialdemokrat übernahm am 16. Mai 1974, zehn Tage nach Brandts Rücktritt, das Bundeskanzleramt (vgl. Abb. 185).

193

Peter Leger:
Neue Sachlichkeit.

Vorwärts vom 16. Mai 1974.

Der neue Bundeskanzler Helmut Schmidt als Manager und „Macher" an seinem neuen Schreibtisch mit zwei Telefonhörern in den Händen. Der Raum wirkt aufgeräumt und streng gegliedert, die Deckel der Ordner und die Schrankaufschriften geben die Ziele der neuen Regierung an.

194

Anonym:
Bilderrätsel.

Pardon Nr. 12/1974.

Ein Bilderrätsel, dessen Lösung eine Eigenschaft des amtierenden Bundeskanzlers darstellen soll.

195

Hanno Engler:
Lohn der Angst.

Die Zeit Mai 1974
(Wiederabdruck:
Der Spiegel Nr. 21/1974).

In Anlehnung an den Filmthriller „Lohn der Angst", in welchem eine explosive Ladung durch unwegsames Gelände erfolgreich ans Ziel gebracht wird, macht der neue Bundeskanzler Helmut Schmidt seinen mit heikler politischer Fracht zu beladenden „Explosive"-Lastwagen startklar. Links unten läßt der soeben zurückgetretene Willy Brandt, von Egon Bahr tröstend an der Hand geführt, seinen „Führerschein" fallen. Über ihm lehnen die Unionspolitiker Franz Josef Strauß, Helmut Kohl und Carl Carstens unbeteiligt an einem Wegweiser mit der Aufschrift „1976 km", dem Termin der nächsten Bundestagswahl. Finanzminister Hans Apel füllt Treibstoff in den Tank des Lasters, Vizekanzler und Außenminister Hans-Dietrich Genscher (FDP) hat in der Fahrerkabine Platz genommen. Vom Lenkrad aus gibt Helmut Schmidt Anweisungen nach hinten. Dort sitzt der Fraktionsvorsitzende Herbert Wehner pfeiferauchend auf der Pritsche; Wirtschaftsminister Hans Friderichs (FDP) pumpt Luft in einen Reifen; Arbeitsminister Walter Arendt schleppt eine Transportkiste; Justizminister Hans-Jochen Vogel bereitet sich auf das Zupacken vor und Innenminister Werner Maihofer (FDP) steht untätig mit den Händen in den Hosentaschen da. Rechts unten langweilen sich die im Kabinett Brandt beteiligten, jetzt jedoch draußengeblieben Lauritz Lauritzen, Klaus von Dohnanyi und Horst Ehmke.

Lohn der Angst

196

Ernst Maria Lang: Den Gürtel enger schnallen ...

Süddeutsche Zeitung Mai 1974 (Wiederabdruck: E. M. Lang, So lang die Tusche reicht, München 1976).

Bundeskanzler Helmut Schmidt schnallt einen großen Gürtel um sein Kabinett, dessen Personenkreis im Vergleich zu Abb. 195 ganz rechts noch um Landwirtschaftsminister Josef Ertl (FDP), den Bundesminister für wirtschaftliche Zusammenarbeit Erhard Eppler und Familienministerin Katharina Focke erweitert ist. Links unten schwenkt „König" Walter Scheel, der einen Tag vor der Wahl Schmidts zum Kanzler Gustav Heinemann als Bundespräsident abgelöst hat, sein Zepter, während sich der zurückgetretene Willy Brandt ganz rechts auf eine Mistgabel stützt. Die Karikatur thematisiert die schwierige finanzielle Situation der neuen Regierung.

Den Gürtel enger schnallen ...

197

Walter Hanel:
Ohne Titel.

Pardon Nr. 11/1976.

Helmut Schmidt ruft den in einem Kellerverlies untätig vor sich hin brütenden Jusos zu, daß er auch in Zukunft keine Verwendung für sie habe. Die Zeichnung verbildlicht den Konflikt der Jugendorganisation, die seit den Studentenunruhen radikaler geworden war, mit dem Parteivorstand.

„Tut mir leid, Freunde, aber ich kann Euch auch für die nächsten vier Jahre nicht nach oben holen."

198

Hermann Matthes: Pardons Start-Cartoon.

Pardon Nr. 7/1978.

Helmut Schmidt, Hans-Dietrich Genscher und Willy Brandt lachen vor einer Kernkraftwerksbaustelle über eine harmlose, blumenschwenkende Figur mit der Aufschrift „Grüne Liste", die gegen Atomenergie ist. Die drei „großen" Politiker ahnen nicht, daß die Grünen ihnen schon längst zur Gefahr in Form einer riesigen Hand mit Sonnenblume geworden sind, die bedrohlich auf sie niedersaust. Die Grünen kamen erstmals bei den Landtagswahlen in Bremen 1979 und Baden-Württemberg 1980 über 5 Prozent.

Hermann Matthes zeichnet:
PARDONs START-CARTOON

„Was, und davor sollen wir Angst haben?"

199

Egon Körbi:
Parteimehrheit unter einem Hut.

Neue Westfälische
8. Dezember 1979.

Bundeskanzler Helmut Schmidt hat Grund zum Schmunzeln: auf dem Parteitag ist es ihm gelungen, mit Hilfe von Willy Brandt und Herbert Wehner die Partei in den Fragen der Kernenergie und der Nachrüstung unter der von ihm favorisierten Prinz-Heinrich-Mütze zu versammeln. Zwei Parteilinke mit der traditionellen Ballonmütze trotten mißmutig hintendrein.

200

M. Ryba/H. P. Murmann: Das Stimmvieh muckt auf!

Titel Pardon Nr. 9/1980.

Wildgewordene Schafe, laut Bildtitel „Stimmvieh“, bedrängen Bundeskanzler Helmut Schmidt einen Monat vor der Bundestagswahl am 5. Oktober 1980, bei der die SPD auf 42,9 Prozent kam und die Koalition mit der FDP fortführen konnte.

201

Hans-Joachim Gerboth:
Hans-Jürgen Wischnewski.

Kleine Prominenzyklopädie,
Recklinghausen 1980.

Staatsminister Hans-Jürgen Wischnewski als Allzweckwaffe der Partei: der „Wisch und weg“ taugt immer wieder „zum Wegfegen“ und „zum Ausbügeln“ (Bildtext).

202

Hans-Joachim Gerboth:
Erhard Eppler.

Kleine Prominenzyklopädie,
Recklinghausen 1980.

Erhard Eppler, Parteivorsitzender des Landes Baden-Württemberg bis März 1980, als Parteiprophet und Kernkraftgegner.

203

Stano Kochan: Des Wortes Macht.

Pardon Nr. 5/1980.

Herbert Wehner, seit 1969 Fraktionsvorsitzender der SPD, wird wegen seiner Wortneuschöpfungen bei Bundestagsreden persifliert. Im unteren Bild steht er Bundestagspräsident Richard Stücklen gegenüber, der Wehner kraft seines Amtes mit Ordnungsmaßnahmen drohen konnte.

Onkel Herbert und die Kunst der Rhetorik.

„Darf ich stören, Herr Wehner? Da ist ja ein Herr vom Duden-Verlag. Er möchte wissen, ob man ‚Schnöckerdübelpfeutel' mit D oder mit T schreibt."

„So ein Vogel hat es gut! Alle lieben ihn, alle hören ihm gern zu, und dabei singt er vielleicht gerade: ‚Sie können mich mal, sie weiser Herr!'"

204

Hilke Raddatz: U--U-U--U-U--.

Titanic Nr. 9/1982.

In einer Persiflage des Ohrwurms „Dadada" entdekken die Partner H.-D. Genscher und H. Schmidt ihren Mangel an Liebe zueinander. Als lachender Dritter gesellt sich Oppositionsführer H. Kohl zu Genscher, während Schmidt allein von dannen zieht. Die Folge illustriert Genschers Schreiben vom 20. Aug. 1982 über die kommende „Wende".

205

Hermann Degkwitz:
Der Lotse geht von Bord.

Titel Der Spiegel Nr. 38/1982 (20. September).

Als Zitat einer berühmten *Punch*-Karikatur verläßt Helmut Schmidt wie einst Bismarck das Schiff des Kanzleramts. Nach der Erklärung Schmidts über die Beendigung der sozial-liberalen Koalition am 17. September wurde Helmut Kohl am 1. Oktober durch ein Konstruktives Mißtrauensvotum zum neuen Bundeskanzler gewählt.

206

John Tenniel:
Dropping the Pilot
(Fallenlassen/Absetzen des Lotsen).

Punch, 29. März 1890.

Der „Lotse" Otto von Bismarck verläßt das Schiff der Regierung, während „Kapitän" Wilhelm II. ihm ungerührt nachschaut. Der Kaiser hatte den Reichskanzler am 18. März 1890 aufgrund persönlicher und politischer Differenzen entlassen. Die Zeichnung diente als Vorbild für den *Spiegel*-Titel Nr. 38/1982.

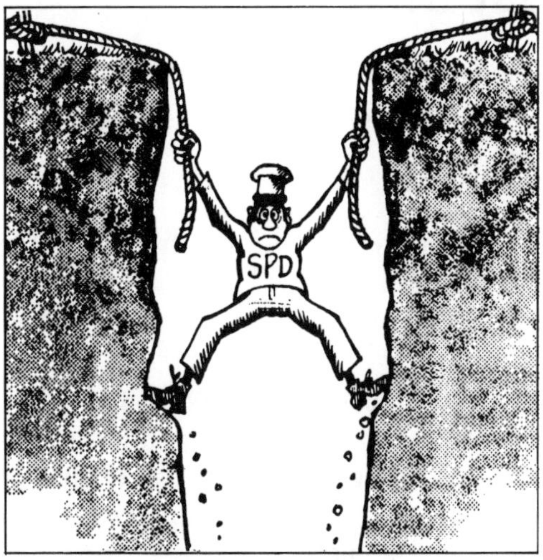

Mir nach, Genossen!

Die SPD seit der Wende

1982

Mir nach, Genossen!

Als Hans-Jochen Vogel nach der Wende im November 1982 Kanzlerkandidat der SPD für die Bundestagswahl im März 1983 wurde, konzentrierte sich das Interesse aller Pressekarikaturisten sofort auf den neuen Spitzenmann. Die meisten Zeichner verbildlichten seinen Namen, indem sie ihn als fliegenden „Supervogel" oder, wie Klaus Pielert in der *Westfälischen Allgemeinen,* mit ausgestreckten „Schwingen" darstellten, auf denen sich die Wahlkampfmannschaft niederließ (Abb. 208). Der schwierigen Situation der SPD entsprechend erschien der häufig als „Oberlehrer" bezeichnete Politiker auf einem Titelblatt des *Stern* kurz vor dem Wahltermin als streng blickender Mann mit Sorgenfalten (Abb. 207). Die weitverbreitete Karikatur brachte der Partei sicher nicht gerade Stimmen: die SPD sank auf 38,6 Prozent und mußte sich auf eine lange Opposition vorbereiten.
Die politische Diskussion dieses Jahres war von der Debatte um den NATO-Doppelbeschluß zur Nachrüstung geprägt, der noch unter Helmut Schmidt vorbereitet worden war, jetzt aber zunehmend auf Widerstand in der Basis stieß und nach außen das Bild einer gespaltenen Partei erzeugte. Der „Sozi" mit der traditionellen Ballonmütze in Hans-Joachim Gerboths Karikatur für die *Kölner Rundschau* veranschaulicht das „Dilemma" (Abb. 209): er kann sich mit dem Festhalten am „Ja" und „Nein" nicht hocharbeiten und droht in einen Abgrund zu stürzen. Wie der Widerstand gegen die Raketenstationierung kamen auch die Vorschläge zum verbesserten Umweltschutz ursprünglich einzig aus dem Lager der Grünen, die bei der Bundestagswahl 28 Mandate und damit eine große Öffentlichkeit errungen hatten. Von den etablierten Parteien war die SPD jedoch die erste, die sich konsequent mit den umstrittenen Inhalten auseinandersetzte, was u. a. an dem programmatischen Leitspruch „Arbeit und Umwelt" auf dem Parteitag 1985 abzulesen war. Bernd Gutzeit illustrierte ihn in der *Westfälischen Rundschau* und vergaß dabei nicht, die Distanzierung gegenüber den Grünen ins Bild zu bringen (Abb. 210). Denn die Positionsänderungen innerhalb der SPD waren häufiger Anlaß zu Polemik, die die Partei in den 80er Jahren oft zwang, ihren Standort zu den Grünen zu definieren.
Eine endgültige Abgrenzung war aber deshalb nicht möglich, weil die „hessischen Verhältnisse" seit den Landtagswahlen von 1984 nur eine Koalition zwischen SPD und Grünen erlaubten, wenn Holger Börner als Ministerpräsident regieren sollte. So wurden er und seine alternative Braut von Walter Hanel in der *Frankfurter Allgemeinen Zeitung* (Abb. 211) als „ungleiches Paar" gezeigt, das dann auch nur bis zum Rücktritt des grünen Umweltministers Joschka Fischer im März 1987 zusammenblieb. Die Macht im Land wurde bei den Neuwahlen an Walter Wallmann von der CDU abgegeben. Anstelle rotgrüner Koalitionen, in denen Willy Brandt schon die „Mehrheit diesseits der Union" vermutet hatte, kam nur noch das Ziel der absoluten Mehrheit für weitere Wahlen in Frage. Im Saarland hatte es der Parteilinke Oskar Lafontaine im April 1985 erreicht; Johannes Rau tat es ihm im Mai desselben Jahres in Nordrhein-Westfalen gleich. Horst Haitzinger zeigte in der *Saarbrükker Zeitung,* wie die beiden gemeinschaftlich die Grünen „exorzierten" (Abb. 213). In der Pressekarikatur dominierte also ausschließlich das Thema Wahlen, da es dabei immer auch um die

Machtverteilung im Bundesrat ging, der die Arbeit des Bundestags kontrolliert. Angesichts der Fülle der Bilder kann deshalb nur exemplarisch dokumentiert werden, wie den Wahlsiegen auch wieder Niederlagen folgten. Diejenige Hans Apels gegen den Newcomer Eberhard Diepgen in Berlin war eine der spektakulärsten und wurde von Stenzel in der *Berliner Morgenpost* als regelrechter Knockout verbildlicht (Abb. 212).
Auch bei der Bundestagswahl im Januar 1987 blieb die SPD wieder unter 40 Prozent. Hans Traxler demonstrierte in einer Parodie auf ein spätmittelalterliches Altargemälde, was dem neuen Kanzlerkandidaten „Bruder Johannes" Rau während des Wahlkampfes zum Spott gereichte (Abb. 214): die religiöse Lebensphilosophie, das Ziel der absoluten Mehrheit und die Spekulation auf grüne Wählerstimmen. Traxlers Zeichnung erschien in der sonst nicht sehr aktuellen *Titanic,* dem einzigen überregionalen Satireorgan gegen Mitte und Ende der 80er Jahre, dem es inzwischen auch die Illustrierten schwer machten, über die 100000er Marke bei der Auflage zu kommen, weil diese jetzt selbst Farbseiten mit politischen Karikaturen brachten: so beschäftigte die *Quick* den Zeichner Dieter Hanitzsch, während Horst Haitzinger für die *Bunte* arbeitete.
Dort erschien nach den Bürgerschaftswahlen in Hamburg auch Haitzingers Zeichnung zur „kleine Wende", vollzogen von der „leichten Dame" FDP und dem „Matrosen" SPD, die erstmals seit dem Koalitionswechsel in Bonn wieder ein „Zusammengehen" auf Landesebene versuchten (Abb. 215). Das Problem des richtigen Hutes stellte sich damit kurz vor dem Jubiläum zum 125jährigen Bestehen der organisierten Sozialdemokratie aber immer noch. Felix Mussil präsentierte in der *Frankfurter Rundschau* einen ratlosen SPD-Anhänger bei der Qual der Wahl (Abb. 218): sollte es wieder die alte Ballonmütze, ein bürgerlicher Filzhut, oder doch lieber der ökologische Strohhut sein? Ob sich diese Diskussion klären würde, als Willy Brandt im März 1987 zurücktrat und Hans-Jochen Vogel zum neuen Vorsitzenden gewählt wurde, konnte von den Zeichnern, wie so oft in der Geschichte der sozialdemokratischen Karikatur, natürlich nur unterschiedlich beantwortet werden. In der *Hannoverschen Allgemeinen Zeitung* haben Vogel, seine beiden stellvertretenden Vorsitzenden Oskar Lafontaine und Johannes Rau sowie die neue Bundesgeschäftsführerin Anke Fuchs offensichtlich noch eine lange Durststrecke vor sich (Abb. 216). Im *Nebelspalter* stellt sich die schwierige Aufgabe Vogels dagegen als Flug in einem abgewrackten Flugzeug dar, das aber immerhin noch manövrierfähig ist und gute Wünsche auf den Weg bekommt (Abb. 217).

207

Marunde:
Ohne Titel
(Muß Kohl den Vogel fürchten?).

Titel Stern Nr. 9/1983.

Kurz vor den ersten Bundestagswahlen nach der Wende wird der Kanzlerkandidat Hans-Jochen Vogel in physiognomischer Verzerrung dem amtierenden Bundeskanzler Helmut Kohl gegenübergestellt. Die SPD erlitt mit 38,6 Prozent eine schwere Wahlniederlage.

208

Klaus Pielert:
Der gemeinsame Nenner.

Westfälische Allgemeine Zeitung vom 20. November 1982.

Der Kanzlerkandidat Hans-Jochen Vogel breitet in Anspielung auf seinen Namen die Arme wie Schwingen aus, auf denen sich die Wahlkampfmannschaft versammelt hat: (von links) Helmut Schmidt, Hans-Jürgen Wischnewski, Hans Apel, Herbert Wehner, Johannes Rau, Willy Brandt, Peter Glotz, Horst Ehmke, Egon Bahr und Erhard Eppler.

209

Hans-Joachim Gerboth:
Das Dilemma.

Kölner Rundschau vom 1. Juni 1983.

Über einem Abgrund hält sich ein „Sozi" mit Ballonmütze an Schildern mit den Aufschriften „Ja" bzw. „Nein zum Nato-Doppelbeschluß" fest. Die Zeichnung dokumentiert die gespaltenen Meinungen in der Nachrüstungsdebatte des Jahres 1983.

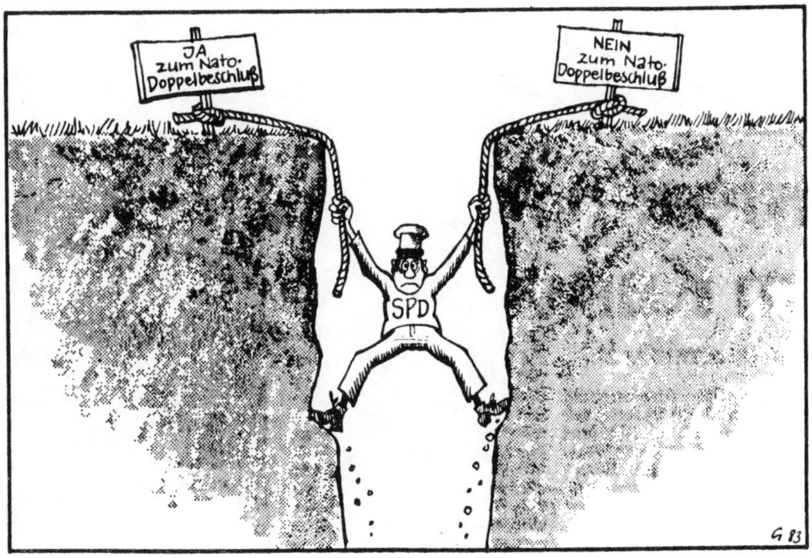

Das Dilemma.

210

Bernd Gutzeit:
Allüberall
auf den Tannenspitzen ...

Westfälische Rundschau
vom 23. März 1985.

Ein Dutzend SPD-Anhänger hat einige dürre, vom Waldsterben bedrohte Tannenbäume erklommen und Schilder mit dem Slogan „Arbeit und Umwelt" an den Wipfeln befestigt, während unten ein Grüner schmollt, weil er zurückgeblieben ist. Der neue Leitspruch war auf dem Parteitag von 1985 ausgegeben worden.

Allüberall auf den Tannenspitzen...

211

Walter Hanel:
Ohne Titel.

Frankfurter Allgemeine Zeitung vom 17. Januar 1984.

Der hessische Ministerpräsident Holger Börner steht mißmutigen Gesichtes mit seiner Braut „Grüne" vor einem unsichtbaren Traualtar. Eine Schar skurriler Fabelwesen, darunter eines mit einer Marx-Karikatur als Kopf, wartet im Schlepptau des Paares, während am Horizont Hans-Jochen Vogel und Willy Brandt das „ungleiche Paar" beobachten. Die Karikatur deutet die Schwierigkeiten der rot-grünen Koalition in Hessen an, die im Frühjahr 1987 wieder zerbrach.

„Ich fürchte, Holger geht schweren Zeiten entgegen ..."

212

Horst Stenzel:
Ursachenforschung.

Berliner Morgenpost vom 16. März 1985.

Ein „Sozi" mit Ballonmütze untersucht einen niedergeschlagenen SPD-Boxkämpfer mit einer Lupe. Im Hintergrund wartet der grimmige „Wähler" auf einen eventuellen neuen Einsatz. Die Karikatur bezieht sich auf die Wahlen in Berlin, die der Christdemokrat Diepgen für die CDU gegen den SPD-Kandidaten Hans Apel gewann.

Ursachenforschung

213

Horst Haitzinger:
Der Exorzist.

Saarbrücker Zeitung vom 26. März 1985.

Aus dem Weihrauchfaß des nordrhein-westfälischen Ministerpräsidenten Johannes Rau steigt der saarländische Ministerpräsident Oskar Lafontaine mit der Aufschrift „Saarlandeffekt“ und erschreckt ein Fabelwesen mit dem Aufdruck „Die Grünen“. Die Karikatur fällt in die Zeit des Landtagswahlkampfes in Nordrhein-Westfalen. Lafontaine hatte im Saarland die absolute Mehrheit gewonnen, was Rau im Mai 1985 in Nordrhein-Westfalen ebenso glückte.

Der Exorzist

214

Hans Traxler:
Die schönsten Legenden vom Bruder Johannes

(Ausschnitt).
Titanic Nr. 10/1986.

In einem Rahmen mit gotischem Gesprenge hebt der von einem Heiligenschein umgebene „Bruder Johannes" Rau, der Kanzlerkandidat der SPD für die Bundestagswahlen 1987, seine mit der Zahl 51 % stigmatisierte rechte Hand, während er mit der Linken einen Grünen segnet. In den unteren Ecken befinden sich ehrfürchtige SPD-Anhänger als kleine Stifterfiguren. Traxlers Parodie der spätmittelalterlichen Altarkunst spielt auf die religiöse Haltung Raus an. Daneben wird das Wahlziel der absoluten Mehrheit verspottet, für die Stimmen von Wählern der Grünen hätten gewonnen werden müssen. Die SPD blieb jedoch unter 40 Prozent.

215

Horst Haitzinger: Auf der Reeperbahn nachts um halb eins ...

Bunte Nr. 23 vom 27. Mai 1987.

Wirtschaftsminister Martin Bangemann geht im Hamburger Reeperbahnmilieu als „leichte" Dame FDP eng umschlungen mit dem Matrosen Hans-Jochen Vogel, der die Belohnung schon aus der Hosentasche zieht. Bundeskanzler Helmut Kohl von der CDU, ebenfalls im Matrosenanzug, ist mit saurem Gesicht an der Ecke stehengelassen worden. Die auf Bundesebene tätigen Politiker agieren hier stellvertretend für ihre Spitzenkandidaten bei der Hamburger Bürgerschaftswahl im Mai 1987, nach der Ingo von Münch (FDP) entgegen dem bundesweitem Verhalten seiner Partei Koalitionsgespräche mit Klaus von Dohnanyi (SPD) begann, weil für ein Zusammengehen mit der CDU keine Stimmenmehrheit vorhanden war.

Von Horst Haitzinger

Auf der Reeperbahn nachts um halb eins . . .

216

Walter Hanel:
Mir nach, Genossen!

Hannoversche Allgemeine Zeitung vom 15. Juni 1987.

Der Parteivorstand kriecht ermattet durch ein ödes Gelände, das aus der Gegend „Grüne" zur „Regierungsfähigkeit" führt, voran der im Juni 1987 für den zurückgetretenen Willy Brandt als Parteivorsitzender gewählte Hans-Jochen Vogel, dahinter die beiden stellvertretenden Parteivorsitzenden Johannes Rau und Oskar Lafontaine, gefolgt von der fahnetragenden Bundesgeschäftsführerin Anke Fuchs und Horst Ehmke.

Mir nach, Genossen!

217

Horst Haitzinger:
Ohne Titel.

Nebelspalter April 1987
(Wiederabdruck:
Handelsblatt vom 6. April 1987).

Der nach dem Rücktritt Willy Brandts zum Parteivorsitzenden designierte Hans-Jochen Vogel steuert unter Anspielung auf seinen Namen das Flugzeugwrack „SPD 1987" durch die Lüfte.

Halten wir ihm die Daumen, daß er so lange durchhält wie der Willy!

218

Felix Mussil:
Ohne Titel.

Frankfurter Rundschau vom 2. Februar 1987.

Ein ratloser SPD-Anhänger quält sich nach der Bundestagswahl vom 25. Januar 1987, bei der die SPD unter 40 Prozent blieb, einmal mehr in der Geschichte der Partei mit der Wahl des richtigen Hutes, der für die politische Richtung steht: soll er den alten Ballonhut mit sozialistischem Programm, eine bürgerliche oder grün angehauchte Kopfbedeckung wählen?

Literatur

1. Karikaturbroschüren und -bücher zur Sozialdemokratie (Auswahl)

Brotfeldt, Hermann: Brandtmarkungen. Willy Brandt in der Karikatur. Hannover o. J. (1965).

Brühl, Fritz (Hrsg.): Ollenhauer in der Karikatur. Berlin/Hannover 1957.

Diedrich, Reiner/Grübling, Richard/Bartholl, Max: Die rote Gefahr. Antisozialistische Bildagitation 1918–1976, Berlin 1976.

Gerboth, Hans-Joachim/Salpeter, Wolfgang: Kleine Prominenzyklopädie. Kindereien für Erwachsene. Recklinghausen 1980.

Gruhle, Uwe/Hofmann, Rainer: Da flennt Genosse Trend. Die endgültige Geschichte der SPD. Frankfurt a. M. 1982.

Hanitzsch, Dieter: Ein Kanzler namens Schmidt. München 1980.

Hyan, Hans/Haas, Paul: Der neue Reichstag. Eine düstere Prophezeiung in schwarz und rot. Berlin o. J. (1907).

Morré, Harold: Das Schwabenalter des Deutschen Parlaments. Eine heitere Chronik des deutschen Reichstages, Berlin 1909.

Presse- und Informationsamt der Landesregierung Nordrhein-Westfalen (Hrsg.): Kühn-Moden 70–75. Karikaturen aus dem Wahljahr 1970. Düsseldorf o. J. (1975).

Rauschning, Hans (Hrsg.): Brandtmeister. Der Bundeskanzler in der internationalen Karikatur. Hannover 1972.

Ungerer, Tomi: Die Eifel und Willy Brandt. Bonn 1972.

Stössinger, Felix/Holtz, Karl: Das System Noske. Eine politische und satirische Abrechnung. Berlin 1920.

Urwühlers Haus- und Reisepsalter. Socialdemokritisches von Tölke dem Jüngern. Leipzig/ Bern 1878.

Friedrich Wendel: Der Sozialismus in der Karikatur. Von Marx bis MacDonald ein Stück Kulturgeschichte. Berlin 1924.

2. Überblickdarstellungen und Nachschlagewerke zur Sozialdemokratie (Auswahl)

Herbig, Rudolf: Notizen aus der Sozial-, Wirtschafts- und Gewerkschaftsgeschichte vom 14. Jahrhundert bis zur Gegenwart. 7. Aufl. Wolframs-Eschenbach 1980.

Mehring, Franz: Geschichte der deutschen Sozialdemokratie. 4 Bde. 10. Aufl. Stuttgart 1921 (Neudruck 2 Bde., Berlin [DDR] 1960).

Meyer, Thomas/Klär, Karl-Heinz/Miller, Susanne/Novy, Klaus/Timmermann, Heinz (Hrsg.): Lexikon des Sozialismus. Köln 1986.

Miller, Susanne/Potthoff, Heinrich: Kleine Geschichte der SPD. Darstellung und Dokumentation 1948 bis 1983. 5. Aufl. Bonn 1983.

Osterroth, Franz: Biographisches Lexikon des Sozialismus. Hannover 1960.

Osterroth, Franz/Schuster, Dieter: Chronik der deutschen Sozialdemokratie. 3 Bde. Berlin/Bad Godesberg 1975–1978.

Pirker, Theo: Die SPD nach Hitler. Die Geschichte der Sozialdemokratischen Partei Deutschlands 1945 bis 1954. München 1965.

Tormin, Walter: Geschichte der deutschen Parteien seit 1848. Stuttgart/Berlin/Köln/Mainz 1966.

Wachenheim, Hedwig: Die deutsche Arbeiterbewegung 1844–1914. Köln-Opladen 1967.

3. Bibliographien

Tenfelde, Klaus/Ritter, Gerhard A.: Bibliographie zur Geschichte der deutschen Arbeiterbewegung 1863 bis 1914. Bonn 1981.

Klotzbach, Kurt: Bibliographie zur Geschichte der deutschen Arbeiterbewegung 1914–1945. 3. Aufl. unter Mitarbeit von Volker Mettig. Bonn 1981.

Günther, Klaus/Schmitz, Kurt Thomas: SPD, KPD/DKP, DGB in den Westzonen und in der Bundesrepublik Deutschland 1945–1973. Eine Bibliographie. 2. Aufl. unter Mitarbeit von Volker Mettig. Bonn 1981.

4. *Karikaturzeitschriften*

(Angegeben sind nur diejenigen Zeitschriften, aus denen auch Bildmaterial zum Nachdruck übernommen wurde.)

Berliner Wespen, Berlin 1868–1887
Die Brennessel, München 1931–1938
Eulenspiegel, Berlin 1928–1931, 1954–heute
Fliegende Blätter, München 1844–1944
Frankfurter Latern, Frankfurt 1860–1891
Frischer Wind, Berlin 1946–1954
Der Gegner, Berlin 1920–1921
Jugend, München 1896–1944
Kladderadatsch, Berlin 1848–1944
Der Knüppel, Berlin 1925–1927
Lachen links, Berlin 1924–1927
Lustige Blätter, Berlin 1888–1941
Münchener Punsch, München 1848–1971
Die Natter, Luckenwalde 1933
Nebelspalter, Rorschach 1875–heute
Pardon, Frankfurt a.M. 1961–1982
Die Pleite, Berlin 1919–1924
Punch, London 1841–heute
Roter Pfeffer, Berlin 1932–1933
Der Satyr, Berlin 1919
Schalk, Stuttgart 1878–1879
Der Simpl, München 1946–1950
Simplicissimus, München 1896–1944, 1954–1967
Süddeutscher Postillon, Stuttgart 1881–1910
Till Eulenspiegel, Braunschweig 1919–1920
Titanic, Frankfurt a.M. 1979–heute
Ulenspiegel, Berlin 1945–1950
Ulk, Berlin 1872–1933
Der Wahre Jacob, Hamburg 1877–1878, Stuttgart 1879–1923, Berlin 1927–1933
Der Zeitgeist, Nürnberg 1919

Künstlerverzeichnis

Personenverzeichnis

Alle Zahlen sind Seitenangaben. Normal gestellte Ziffern verweisen auf den Text, *kursive* auf Abbildungen.